校园足球文化建设与后备人才的培养研究

吴茂芹　冯国华◎著

图书在版编目（CIP）数据

校园足球文化建设与后备人才的培养研究 / 吴茂芹，冯国华著 . -- 长春：吉林出版集团股份有限公司，2022.6
ISBN 978-7-5731-1717-5

Ⅰ.①校… Ⅱ.①吴… ②冯… Ⅲ.①青少年—足球运动—体育文化—研究—中国②足球运动—后备力量—人才培养—研究—中国 Ⅳ.① G843

中国版本图书馆 CIP 数据核字（2022）第 115262 号

校园足球文化建设与后备人才的培养研究
XIAOYUAN ZUQIU WENHUA JIANSHE YU HOUBEI RENCAI DE PEIYANG YANJIU

著　　者：	吴茂芹　冯国华
责任编辑：	孙　婷
装帧设计：	马静静
出　　版：	吉林出版集团股份有限公司
发　　行：	吉林出版集团青少年书刊发行有限公司
地　　址：	吉林省长春市福祉大路 5788 号
邮政编码：	130118
电　　话：	0431-81629808
印　　刷：	北京亚吉飞数码科技有限公司
版　　次：	2023 年 3 月第 1 版
印　　次：	2023 年 3 月第 1 次印刷
开　　本：	710mm×1000mm　1/16
印　　张：	13.25
字　　数：	237 千字
书　　号：	ISBN 978-7-5731-1717-5
定　　价：	86.00 元

如发现印装质量问题，影响阅读，请与印刷厂联系调换。电话：010-82540188

前　言

我国是体育大国,体育运动健儿付出了大量的艰辛和汗水,才在奥运会上一次又一次取得优异的成绩,完成为国争光的使命。作为最受广大民众喜爱的体育运动项目之一,足球在我国有着深厚的群众基础,承载着人民大众的希望。我国目前足球运动水平相对较低,远远不能让广大民众满意。我国足球的飞跃必须要靠大力培养足球后备人才,加强校园足球文化建设,建立良好的足球运动文化体系。

构建新时代校园足球文化,完善校园足球各项制度建设对于规范我国新时代校园足球健康发展显得尤为重要。国内外的众多案例证明,完备的后备人才培养和充足的人才储备是竞技体育高水平可持续发展的重要保障。近年来,随着我国体育发展战略的转变,国人对奥运集体大项的关注热情不断提升,足球的振兴越来越受到重视。在这样一个大背景下,作者撰写了本书。

本书共计八章,第一章分析校园足球及其发展现状,第二章介绍校园足球"四位一体"文化体系的建设与发展,第三章为校园足球后备人才的培养及其现状分析,第四章介绍校园足球后备人才体能训练的理论与方法,第五章至第七章分别重点讨论校园足球后备人才基础与专项体能素质的培养、心理与智能素质培养、技战术素质培养等内容,第八章介绍了校园足球后备人才培养与发展的后勤保障。本书的出版,试图能抛砖引玉。足球后备人才问题是一个庞大而复杂的系统,全面而深入地探讨后备人才问题,为本书力所难及。后备人才的培养是后备人才系列问题中的核心,而如何解决当前我国足球后备人才的培养问题已成为亟待研究并付诸实践的重要问题。

本书知识结构安排合理、内容丰富、思路清晰,表现为知识性强、理论研究科学严谨、语言准确、章节划分得体、结构体系完整,具有很强的系统性、实效性、科学性、时代性、新颖性等特点,对我国足球文化体系的建设与发展具有很高的实用价值。

全书由吴茂芹、冯国华撰写,具体分工如下:

第三章、第四章、第六章、第八章,共10.08万字:吴茂芹(山东省实验中学);

第一章、第二章、第五章、第七章,共12.21万字:冯国华(临汾职业技术学院)。

本书在撰写的过程中,参考和借鉴了大量的专家和学者的研究成果和文献资料,在此一并致以最真挚的感谢。由于水平和精力有限,书中不足之处在所难免,敬请读者批评指正。

作　者
2022年4月

目 录

第一章　校园足球及其发展现状分析 ………………………………… 1
　第一节　校园足球概述 ……………………………………………… 1
　第二节　我国校园足球开展的现状 ………………………………… 9
　第三节　我国校园足球开展中存在的问题及解决对策 …………… 11

第二章　校园足球"四位一体"文化体系的建设与发展 …………… 16
　第一节　校园足球物质文化建设 …………………………………… 16
　第二节　校园足球制度文化建设 …………………………………… 19
　第三节　校园足球精神文化建设 …………………………………… 24
　第四节　校园足球行为文化建设 …………………………………… 27

第三章　校园足球后备人才的培养及其现状分析 …………………… 30
　第一节　校园足球后备人才培养的理论依据 ……………………… 30
　第二节　校园足球后备人才培养的特征 …………………………… 43
　第三节　我国校园足球后备人才培养的现状分析 ………………… 47

第四章　校园足球后备人才体能训练的理论与方法 ………………… 56
　第一节　体能训练概述 ……………………………………………… 56
　第二节　影响人体体能素质发展的因素 …………………………… 59
　第三节　体能训练的生理学基础 …………………………………… 62
　第四节　校园足球后备人才体能训练的方法 ……………………… 70

第五章　校园足球后备人才基础与专项体能素质的培养 …………… 75
　第一节　校园足球后备人才的基础体能素质培养 ………………… 75
　第二节　校园足球后备人才的专项体能素质培养 ………………… 82

第六章　校园足球后备人才的心理与智能素质培养······102
第一节　心理与智能培养的心理学基础······102
第二节　校园足球后备人才的心理素质培养······109
第三节　校园足球后备人才的智能素质培养······120

第七章　校园足球后备人才的技战术素质培养······126
第一节　足球技战术理论概述······126
第二节　校园足球后备人才的技术能力培养······134
第三节　校园足球后备人才的战术能力培养······165

第八章　校园足球后备人才培养与发展的后勤保障······179
第一节　营养保障······179
第二节　运动康复保障······184

参考文献······200

第一章 校园足球及其发展现状分析

为了深入贯彻落实党的十九大精神和习近平新时代中国特色社会主义思想重要指示精神,将开展青少年校园足球活动作为加快推进"健康中国"建设,落实教育"立德树人"根本任务,拓展素质教育新空间,推进学校体育综合改革,促进青少年学生身心健康全面发展的国家战略重要举措,旨在新时代新形势背景下,推进学校体育工作高质量发展,大幅改善、提高青少年体质健康水平、足球运动竞技水平,为实现足球强国梦、健康中国梦奠定坚实基础。

《中国足球改革发展总体方案》提出,各地中小学要把足球列入体育课教学内容,加大学时比重;全国中小学的校园足球特色学校在2025年达到5万所,其中开展女子足球的学校占一定比例。教育部多次强调要以足球运动为抓手,全面深化学校体育教育改革,吸引更多青少年学生热爱足球、参与足球、享受足球运动,不断提高、发挥足球"立德树人"功能,让校园足球战略工程成为新时代促进青少年全面、健康、高素质成长、成才的基础途径平台。青少年校园足球开展意义重大而深远,可谓功在当代,利在千秋。

第一节 校园足球概述

一、校园足球范畴

校园足球指在校园内进行的、师生(共同)参与的一切与足球有关的活动或过程的总和。从活动范围来讲,凡是在校园内进行的都属校园足球;从参与者来说,校园足球可以是学生参与的,也可以是师生共同参与的;从参与形式来说,校园足球包括课堂教学、课外活动、大课间活动、课余训练与竞赛等。

二、校园足球产生的背景

(一)历史背景

校园足球的产生与青少年足球运动有着密切的联系。我国青少年足球运动发展至今取得了一定的成绩。1964 年,当时有关政府部门联合召开全国足球训练工作会议,《关于大力开展足球运动,迅速提高技术水平的决定》在此次会议上颁发。1979 年,我国明确提出普及足球运动要深入人民群众,要引导青少年参与足球运动,要组建青少年足球队,要先确定发展足球运动的重点地区,为了促进青少年参与足球运动,国家组织"萌芽杯"足球比赛、"幼苗杯"足球比赛和"希望杯"足球比赛。1980 年,《关于在全国中小学中积极开展足球运动的联合通知》由国家颁发,我国青少年足球运动的发展迎来了高潮。我国充分认识到要从小培养优秀的足球苗子,要从青少年群体中选拔与培养优秀的足球后备人才。1985 年,我国青少年足球运动的发展又迎来了新的高潮,主要标志是我国举办了 U16 足球世界锦标赛。

2009 年 4 月 14 日,《关于开展全国青少年校园足球活动的通知》由有关部门颁发,根据文件指示,校园足球活动的开展受到重视,各级学校密切衔接的校园足球联赛的创办也提上日程,全国各地面向青少年群体对足球运动加以普及,学校积极建设积极向上的校园足球文化,并对有天赋的足球苗子进行选拔,培养全面发展又有一技之长的青少年人才。青少年足球运动又一次迎来发展高潮。

(二)时代背景

职业化是足球运动发展的一个重要方向,职业足球的发展非常重要,我国从国内足球运动发展情况出发,并借鉴欧洲职业足球联赛的成功经验,于 1994 年组织职业足球联赛,推动了国足的市场化进程,职业足球俱乐部也承担起了培养青少年足球后备人才的重任。但是因为职业足球俱乐部经营管理存在问题,所以培养青少年足球人才也是问题重重,对我国青少年足球的发展及足球人才的培养起到了制约性影响。2008 年,中国足球运动队在各大比赛中接连碰壁,男子足球队更是被称为三流球队,严重损坏了国家形象。我国举办北京奥运会后,体育事业的发展迎来辉煌时期,但对比发现,我国足球和我国其他优势项目如乒乓球的发展明显呈两种状态,在后奥运时代,我国致力于改革足球体制,振兴中国足球,甚至在近些年将振兴国足、发展中国足球上升到国家战略的层面。

(三)社会背景

我国是世界体育大国,我国近些年在奥运会上接连取得好成绩,获得的奖牌数和金牌数都很可观,这份成绩让每个国人都感到骄傲和自豪。但是我国足球运动的发展却依旧没有起色,尤其是男子足球,中国足球发展的落后状态受到了国家和社会的关注,政府部门多次强调要大力改革国足体制,加快发展中国足球。国家体育总局和有关政府部门共同开展关于足球整治与改革的工作,以改变国足的落后面貌,把中国足球拉出谷底。

(四)中国足球改革背景

1. 振兴国足是实施体育强国战略的需要

我国是世界上名副其实的体育大国,但要从体育大国发展成为体育强国还有很长的路要走。体育强国建设是一项国家战略,这是我国体育事业未来一段时期的发展方向与目标。建设体育强国,就是既要有很多体育项目的发展水平居于世界前列,又要有良好的体育综合实力,体育发展的总体水平要高,要在世界体坛居于重要地位,有发言权,竞技成绩和综合实力都要名列前茅。

我国作为体育大国,在竞技体育发展方面取得了骄人的成绩,这从我国在奥运会上获得的金牌数和奖牌数就能体现出来。美国在奥运会上的成绩一直都很好,游泳、田径和三大球是美国夺取金牌的主要优势项目,而乒乓球、体操、羽毛球、跳水等是我国在奥运会上夺冠的热门项目。相比而言,美国竞技体育中发展好的项目如奥运会中的热门夺冠项目在学校也普及得很好,而我国的体操、跳水、羽毛球等竞技强项在普通群众和青少年学生群体中还不够普及,我国主要依靠国家资源培养优秀运动员人才,而学校在这方面发挥的作用并不突出。但发展足球运动不仅需要国家提供各种资源的支持,还需要建立良好的群众基础,尤其是青少年基础。此外,建设体育强国,不仅是在奥运会上取得好成绩就可以了,还需要发展弱势项目,提高整体水平,同时要兼顾群众体育、学校体育的发展,提升体育文化软实力,建设与完善体育设施,使体育事业的各个方面都能在世界上占据重要地位,排在前列。要实现中国足球崛起的目标,就要挖掘足球运动的价值,提高大众的参与度,进一步普及足球运动,营造良好的全民参与足球的氛围,并加强对足球后备人才的培养,为中国足球注入新鲜的血液与全新的活力,可见,振兴国足是一项大工程。振兴国足的计划和体育强国战略方案不谋而合,足球运动有强大的感召力和广泛的影响力,如果我国能将足球运动发展好,那么离实现体育强国战略目标的距离也会更近一步。

2. 发展青少年足球是提高中国足球现实水平的需要

中国足球尤其是男子足球在各大足球比赛中接连受挫,中国足球面临着尴尬的发展处境,屡战屡败给国足沉重的打击,使中国足球陷入艰难,面临极大的挑战与困境。中国足球的发展水平与我国体育大国的身份不协调,为了与我国作为世界体育大国的地位相称,我们必须要大力发展足球,改善现状,提高发展水平。

我国足球整体缺乏良好的基础,尤其是缺乏青少年基础,缺少优秀的青少年足球后备人才,这是长久以来中国足球在世界各大比赛中没有取得良好成绩的一个重要原因。2010年,我国足球协会发布文件明确指出当前我国青少年足球的发展面临着很大的困境与许多的问题,并提议采取措施扩大足球人口规模,扩大青少年足球人口。中国足球的持续健康发展离不开青少年足球,后者是前者非常重要的"基石"。而要发展好青少年足球,就要努力做好两个方面的工作,一方面是加强足球运动在青少年群体中的普及,扩大青少年足球人口规模,另一方面是培养青少年足球人才,提高青少年足球水平。为促进青少年足球运动水平乃至整个足球运动水平的提升,促进中国足球的振兴,有序开展青少年足球工作,中国足协制定相关方案,对青少年足球运动发展现状进行调查,并分析发展中存在的问题,明确指出足球后备人才培养基础薄弱、培养乏力、青少年足球运动员数量少及质量有待提高等问题,并明确表示这是我国竞技足球和职业足球发展滞后的主要原因之一。方案中还针对中国青少年足球发展现状与问题而提出了改革要求与发展思路,明确了青少年足球发展的指导思想和发展思路,确定了发展目标,提出了具体工作任务和工作开展步骤,从多个维度推进中国青少年足球工作的稳步和高效开展。

3. 足球回归校园

中国足球经过多次改革后在竞技领域依然没有明显的成效,尤其是男子足球队依旧在各大赛事中频频以失败告终,经过一次次的失败后,中国足协总结经验教训,认识到青少年足球是中国足球发展的突破口,确立了大力发展青少年足球的决心。2009年,《关于开展全国青少年校园足球活动的通知》及"实施方案"由国家体育总局和教育部联合下发。在这之前,自中华人民共和国成立以来我国体育总局和教育部针对体育单项的发展而联合下发文件的情况还没出现,这个"第一次"足以看出国家对青少年足球的重视及国家面向青少年群体而推广足球运动的决心。青少年校园足球活动起初先在青岛启动,后来足球进入全国各地中小学中。从方案启动到现在,我国开展校园足球活动的中小学已有2000多所,遍及全国几十个城市。我国开展校园足球运动不仅是为了发展中国足球,培养优秀人才,同时也是为了增强青少年体质,对青少年顽强拼搏、团结协作等体育精神进行培养,在这一培养目标和思想的指引下,校园足球活动越来越普及,各级学校相互衔接的足球联赛逐渐形成并完善,足球知识和运动技能在青少年群体中普及率不断提升,校园足球氛围越来越浓厚,青少年足球后备人才的培养也取得了一定的成绩。

三、校园足球的定位及功能

(一)校园足球的定位

从学校体育教育的层面来看,足球运动作为一项普及程度高的大众体育项目,长期存在于学校体育教学与课外锻炼的内容体系中,是新时代学校体育教育落实立德树人教育根本任务的重要抓手,是持续提高体育教育质量的突破口,是实现提高学生体质健康水平、提高运动技能水平和人格健全学校体育教育目标的探路工程。

(二)校园足球的功能体现

不忘初心,方得始终。校园足球是在中国特色社会主义建设即将迈入新时代、开启实现中华民族伟大复兴新征程之际,基于青少年学生体质健康状况每况愈下、学校体育教育质量难以持续提升的现状,所采取的一项旨在破解学校体育教育难题、落实"立德树人"教育根本任务、全面推进素质教育的重要举措。《意见》提出的"提高校园足球普及水平、深化足球教学改革、加强足球课外锻炼训练、完善校园足球竞赛体系、畅通足球优秀苗子的成长通道"校园足球发展的五大任务,为学校推进足球运动找准着力点、切中当前学校体育教育改革发展的要害问题。同时,五大任务涉及到了学校体育教育的各个领域,并进研究将有助于补齐学校体育工作的短板,有助于学校建立一体化健康生态的校园足球发展格局,对建立系统完备的学校体育教育工作体系(机制)具有积极的作用。

四、校园足球的意义

中国特色社会主义进入了新时代,全党要更加自觉地增强道路自信、理论自信、制度自信、文化自信,实施健康中国战略。建设体育强国是综合国力和民族精神的重要标志,是展示国家形象的重要窗口,也是人文交流的重要平台。而现在小学生受应试教育的影响,片面追求升学率,使得学业负担过重,学习时间过长,缺乏参加体育锻炼的时间,运动量严重不足。父母过分重视孩子的知识学习,对孩子身体体质方面的发展不够重视。现代信息技术中电脑、游戏机的普及,使小学生生活和娱乐方式发生了重大变化,许多学生周末和假期不愿走出家门,更不愿意参加体育活动。因此,校园足球发展必须要与时俱进,充分发挥育人作用,让学生更加自主、独立地在足球学习过程中学会发现、探索和研究,做一个具有创新能力的学生。基于国家足球发展的需要,小学校园足球课程校本化教学的实施具有极其重要的意义。利用足球课程校本化教学,不但可以有效提高学生足球技术技能与体能素质,还可以促进小学生全面发展,培养学生社会主义核心价值观。校园足球课程校本化教学体系的构建与实施,有利于增强学生足球技能,并培养学生发现问题、分析问题、解决问题的能力,为国家发展所需提供全面多元个性化的人才。

为促进广大青少年全面发展,健康成长,加强青少年足球后备力量的培养。党和国家对校园足球活动高度重视,把发展校园足球视为一项重大而紧迫的战略任务。

教育目的是国家为整个学校系统制定的,同时是一切教育、教学活动的出发点和归宿。足球运动具有锻炼价值高、教育作用强、关注人群广、社会影响大等特点,是学校体育的重要内容。

(一)立德树人,培养学生良好的体育品德

党的十八大报告中首次提出把立德树人作为教育的根本任务,强调道德品格在人的发展过程中的重要性。教育的目的就是推动人的全面发展,

第一章　校园足球及其发展现状分析

而良好道德品质是培养人全面发展的基础和根本。党的十九大报告中又明确提出：全面贯彻党的教育方针，落实立德树人根本任务，发展素质教育，推进教育公平，培养德智体美劳全面发展的社会主义建设者和接班人。这充分说明党和国家对学生品德教育的重视。

科学研究证明，体育可以增进学生健康，增强学生体质，同时还可以通过体育对学生进行有效的思想品德教育，开发学生的智力，提高学生的心理素质，陶冶学生的情操，发展学生的个性，促进学生的社会化。

(二) 提高体育教学质量，健全学生的人格

从学校体育目标的角度进行分析，这包含三层含义：一是提高学生的体质健康水平；二是提高学生的运动技能水平；三是培养学生德智体美劳全面发展的健全人格。在培养学生的健全人格方面，体育和语文、数学、历史、物理、地理、化学、英语等学科一样对学生的发展带来积极影响，起着不可替代的作用。

足球运动是校园最普及的运动项目之一，它以群体的方式进行。正因为是群体的比赛活动，足球运动能够有效地培养学生规则意识、团队意识和拼搏精神。而这些品质都是社会化人格要素，能充分体现出校园足球所蕴涵的教育功能。

足球运动需要团队的相互协作、集体的努力拼搏，在一个团队中队员需要相互沟通交流。学生要学会和比自己能力强的人相处，也要学会和比自己能力弱的人相处。开展小学校园足球，让小学生在增进交流和友谊的同时，更能有效地培养团结协作等集体主义精神，有效地帮助参与者正确理解和处理好个人与集体、竞争与合作的关系。

校园足球可以促进学生个性的发展和完善，提高意志品质。学生在足球的练习和比赛过程中，能使个性、自信心、情绪控制、意志力、进取心、自我控制与约束等方面得到良好的发展，还可以养成尊重他人、尊重强者等良好道德品质和集体主义精神。

足球比赛在一定程度上能强化学生的心理承受能力，有利于调节学生的精神状态，磨炼学生的意志，培养学生坚忍不拔的毅力。校园足球文化的渲染，有利于培养学生良好的文明礼仪习惯，构建和谐校园。校园足球的开展是为国家足球战略培养和输送后备人才提供强有力的保障。

校园足球作为深化教育改革的突破口，第一要在课程设计与规划上下功夫，合理安排课程内容，做好各年级足球课程内容的衔接，让学生能够连贯、完整、持续地参与足球学习与训练；第二在教学上花心思，合理安排每节

课的练习内容与运动负荷,增强学生体质;第三要结合学生的运动技能水平组织阶段性的比赛,让学生能够学以致用,能够在比赛中灵活运用技战术、处理人物关系,在比赛中学会积极面对问题、解决问题、克服困难,学会领导与服从,学会坚强、合作、尊重及比赛礼仪。

(三)注重足球技能学习,养成以足球运动为手段的终身锻炼习惯

足球是一项融健身性、教育性、趣味性、集体性等于一体的运动项目,深受广大青少年学生的喜爱,能够有效促进青少年身心健康发展。对不同年龄阶段的学生来说,足球运动的功能虽然略有不同,但是其健身功能、教育功能、交往功能、合作功能等都是具有共性的。

足球运动能够有效地促进学生身体素质的全面发展。同时,与队友的协作配合、与对手竞争,对学生认知、思考、情感等方面均有非常积极的促进作用。

因此,通过校园足球课程大力开展校园足球活动,能够为学生系统地学习足球提供保障。通过长期的推行,让更多的青少年学生参与足球运动,养成终身锻炼的习惯,对于促进青少年身心健康、全面发展具有重要的现实意义。

(四)普及校园足球,扩大足球人口

校园足球活动的不断深入推进,能够促进足球人口的增加。以学校体育为主阵地,不断培养青少年儿童对足球的喜爱,通过校园足球课程的不断推行,足球运动得到进一步普及,足球人口得以不断扩大。从而为我国职业足球储备规模更大、质量更高的后备人才队伍。

五、校园足球活动开展目标

校园足球活动要实现的目标有四个方面:一是提高学生体质健康水平。二是要在校园足球工作推进过程中,让校园足球特色学校的每一位同学都能够掌握足球运动技能,服务于终身体育技能养成及开展打好基础。三是通过足球活动、训练和比赛,培养学生协同合作、交际沟通、顽强拼搏意志品质等健全人格、促进全面发展。这三个方面是面向每个人的,是每一位同学都要参与的。四是为竞技人才成长提供的一种新路径,为中国足球的腾飞奠定人才基础,这也是学校体育改革的一个重要目标。但校园足球工作首

先关注的是普及，以普及为根，因为没有普及为前提，那么足球运动的提高就是无源之水。校园足球作为教育系统全面"立德树人"的育人工程，是中国足球改革、学校体育改革、教育改革发展的一项基础性工程。

六、校园足球执行理念

校园足球的执行理念是校园足球具体实践执行要遵循的基本准则，包括以体验、培养兴趣为根基，以享受足球快乐、情感及全面健康发展为前提，以游戏形式、内容组织活动为引领，以争取足球竞赛取胜为荣誉四个方面。校园足球要把体验足球运动、培养足球兴趣作为基本任务前提，吸引孩子走到足球场参与足球运动，逐渐形成足球兴趣和更深层次的足球情感；如何形成足球兴趣，很重要的一点是让青少年在足球运动中体验、享受足球运动所带来的快乐及自我情感发展，因此足球运动要保证足球运动参与者快乐是其基本情感。如何培养青少年兴趣，使其在享受足球运动中得到快乐与全面成长，从组织形式内容而言，就要以足球游戏、竞赛活动为主导，开展形式、内容等丰富多彩的足球活动，不断强化青少年足球参与快乐、情感体验及自我的全面发展。

此外，以足球比赛争胜为荣誉，是利用青少年勇于争胜的自我与团队进取心理，提升个人足球技能，培养勇于拼搏的顽强意志和团队精神和凝聚力、责任感。

第二节 我国校园足球开展的现状

目前我国已构建"特色学校＋高校高水平足球运动队＋试点县（区）＋改革试验区＋'满天星'训练营""五位一体"的校园足球立体推进格局，已在全国 38 万所中小学中遴选认定校园足球特色学校 24126 所，设立校园足球改革试验区 38 个，遴选校园足球试点县（区）135 个，在全国布局建设"满天星"训练营 47 个，招收高水平足球队高校 181 所。制定全国校园足球特色学校基本标准，面向近 2000 万在校生每周开设 1 节足球课、组织课余训练和校内联赛，坚持面向人人、男女均衡，充分发挥校园足球育人功能。中央财政已经累计拨付 9 亿元专项资金，带动了地方财政 270 亿元人民币的资金投入，目前已有 1400 万人次参与到各级别的校园足球竞赛中来，2.3 万人参与了足球冬、夏令营活动,还组织了形式多样的"走出去、请进来"交流活动等。

目前,我国校园足球工作还在继续开展,经过几年的发展,取得了如下成绩。

1. 资金投入力度增加,基础设施和师资建设水平提升

校园足球活动在我国开展以来,政府给予了很大的财政支持,从资金上保障校园足球活动的顺利开展。为开展校园足球活动而投入的资金中,很大一部分用于建设学校足球设施,足球场地、器材等是足球运动开展的基础条件,基础设施的改善为校园足球的顺利开展提供了最基本的保障。我国在校园足球场地建设中,既有新建的场地,也有改建和修缮的场地,经过这些努力,我国校园足球场地已有四万块左右,这为青少年参与校园足球活动提供了基础条件,打破了原来因为缺少场地而限制青少年踢足球的不良局面。

我国除了在校园足球基础设施建设上做了努力外,在足球师资引进与培养方面也做了大量工作,我国培养了大量的体育骨干教师,并为校园足球特色学校引进有很强管理能力的管理人才,为优秀足球师资创造与提供学习与培训机会,经过不断努力,接受过专门培训的体育师资不断增加,中小学体育教师新增数量增加,我国在师资培训上投入了大量财力、人力资源,缓解了足球师资不足与青少年足球发展需求日益增加的矛盾,为校园足球活动的顺利开展和提高校园足球活动开展水平提供了人力保障。

2. 坚持以普及为基础,加强优化布局发展

我国从启动校园足球工作到现在已经有几年的时间了,经过几年的努力,已经完成了很多所全国校园足球特色学校的布局工作,设立了多个试点区县、改革试验区,基本上实现了校园足球以普及为主的发展初衷。通过每年新增遴选学校的方式,陆陆续续让那些想开展且能开展校园足球活动的学校成功成为校园足球学校,促进了校园足球的普及以及学校布局的优化。

3. 不断完善足球教学与竞赛体系,营造了浓厚的校园足球氛围

在全国校园足球课程教学指南的指导下,足球特色学校的足球教学持续开展,"校内竞赛—校际联赛—选拔性竞赛—出国交流比赛"为一体的校园足球竞赛体系初见成效,校园足球的育人功能得到进一步发挥。而纯粹为了满足兴趣爱好和锻炼身体而参加足球活动的学生遍布各个学校。

4. 顶层设计规划与创新体制机制不断完善

围绕开展校园足球活动而组织的各类会议不断增加,会议上讨论校园足球活动开展中出现的问题,以及已经预见到的问题。通过文件、会议以及相关调查研究的共同作用,全面统筹规划、宏观指导以及综合管理等措施,进一步强化对校园足球的组织领导和管理工作。

第三节　我国校园足球开展中存在的问题及解决对策

一、校园足球发展存在的问题

我国校园足球经过几年的发展取得了良好的成绩,但也存在一定的问题,下面分析几个主要存在的问题。

(一)师资队伍薄弱

为响应国家关于校园足球活动开展的方针政策,学校积极设置足球课程,组织足球教学,尤其是足球特色学校每周基本都能保证上一节足球课。但非足球特色学校普遍做不到每周上一节足球课,这与场地设施缺乏、师资力量薄弱等限制因素有关。学校足球课程体系建设水平还不够高,教学内容体系有待完善,课程组织与实施的延续性不强,不能有效衔接各阶段的足球教学目标和足球教学内容,尚未建立起统一的小学、中学、大学足球教学体系。此外,学校也缺乏必要的足球教学资源,如缺乏系统性、统一性的足球教材,校本教材开发力度弱,课程设置缺乏合理性,教学方法落后。教师资源也是非常重要的教学资源,但这类关键资源目前也是缺失状态,专业的足球教师比较少,而且大部分足球教师同时也是足球教练,专门的足球教练配备不足。如果靠传统培养计划来培养足球师资,以满足学校足球教学与训练的要求,那么我们需要几十年的时间才能配足,而且培养足球师资的渠道单一,短期培训又无法使非足球专业的体育教师具备足球执教与执训所要求的专业素养。足球师资数量缺口很大,现有师资专业性也有待提升,这也因此使得校园足球的发展受到了严重的制约。

(二)训练理念落后

为促进我国足球运动水平的提升,我国也曾经尝试过一系列的足球改革,借鉴过欧美等足球强国的训练模式,但这些都仅仅停留在国字号球队、职业俱乐部等层面,并且也没有结合自己的具体实际与特点,形成自身特有的训练理念和模式。目前,总体上来看,我国足球教练员的执教水平偏低,缺乏系统的学习与培训,导致我国足球后备人才没有获得一个良好的发展环境,在这样的情况下,自然难以培养出高水平的运动员。

(三)城乡差异显著

各地足球运动的开展情况与发展水平与当地的经济发展水平有很大的关系。我国经济发展存在地区差异,所以各地校园足球活动的开展水平也存在差异,经济发展好的地区投入大量的经费支持校园足球活动的开展,足球设施、足球师资都配备齐全,而经济发展落后的地区没有能力设立专项资金来支持校园足球的开展,也没有强大的资源去培养优秀的足球师资。我国发展校园足球,经济相对发达的城市地区是主力,而乡镇及农村地区受经济条件限制,为全国校园足球发展而做出的贡献很少。可见,中国校园足球活动的开展存在显著的城乡差异。

(四)校园足球竞赛体系及文化建设有待完善

现阶段,我国校园足球竞赛的组织不够合理、规范,足球联赛赛制单一,还没有形成完善的包含小学、中学、大学在内的连贯衔接的三级竞赛体系,参加足球联赛的学校相对较少,而且参赛队伍的实力良莠不齐,大大影响了联赛质量,也弱化了举办联赛的价值和真实意义。此外,校园足球比赛形式不够丰富,赛事活动组织得较少,校内比赛和校际联赛缺乏必要的沟通与联系,这些都是校园足球竞赛体系不完善的主要表现。

另外,我国中小学缺乏良好的足球运动氛围,尚未建立起完善的足球文化体系,甚至有些高校也是刚开展足球运动不久,还在创建足球文化的摸索阶段。在我国校园足球发展过程中,有些学校急功近利,大搞形式主义和面子工程,对足球活动质量及开展足球活动取得的效果却丝毫不在意,这与我国发展校园足球的初衷与目标是相偏离的。学校缺少良好的足球活动氛围还与家长的不支持有关,有些家长认为踢球会影响孩子学习成绩,所以不允许学生踢球,因为缺少家长的支持,所以学生渐渐远离足球,学校足球文化建设受到严重影响。

二、我国足球后备人才培养的建议

(一)制定明确、切实可行的培养目标

足球后备人才的培养是一项非常重要的工作,这一项工作在很长的一段时间里,我国各部门都没有引起重视,这也是导致我国足球运动水平不高的重要原因所在。要想培养出高素质的足球后备人才,首先就要制定一个切实可行的培养目标,这是最为重要的基础。在具体的实践中,教练员要调查与掌握每一名运动员的基本情况,从而确定合理的培养目标。每一名运动员都是不同的,在身体条件、运动基础、运动动机等方面都存在着不小的差异,因此,在培养目标的制定上要因人而异,不能盲目进行。例如,有些年轻的运动员参加足球训练是因为对足球的热爱,有些运动员可能是受父母的要求,作为教练员,一定要调查情况,然后制定切实可行的合理的培养目标。

每一名运动员的具体情况都是不同的,如有的运动员足球基础较好,有的运动员基础较差,有的运动员训练水平较高,有的运动员训练水平较低等。因此在进行足球训练时,一定要创建一个合理的训练体系。一般情况下,教练员要注意不同年龄阶段运动员训练的内容和要求,在培养目标的安排上要有一定的针对性,促进所有的后备人才的发展。

(二)创造轻松有趣的训练氛围

在平时的足球训练课上,教练员不仅要起到重要的示范和指导作用,而且还要时刻观察运动员的一举一动,为运动员创造一个轻松愉快的训练氛围,激发运动员参与训练和比赛的积极性,从而提升训练水平。

对于足球后备人才的培养而言,比赛成绩和结果当然是重要的,但也不要过于追求这方面的成绩,而是要更加注重运动员在训练和比赛中的实际表现。在平时的训练中,教练员应给予运动员积极的鼓励,提高运动员的训练质量。

(三)提高教练员的教学专业水平

教练员无论是在运动员的训练还是基本能力的培养中,都发挥着极为重要的作用。在教练员的指导下,运动员参加训练活动,提高训练水平。教练员要想提高足球运动员的训练水平,首先就要具备全面而丰富的足球知识和足球专业水平,这就需要建立一个教练员培训部门,加强教练员的培训和管理。只有教练员的水平提高了,才能为后备人才的培养与发展奠定良好的基础和保障。

(四)提高教练员的观察力和思考能力

在平时的足球训练中,为更好地为足球后备人才做好示范,教练员要十分注重自己观察能力和思考能力的提升,这样有助于教练员组织与管理整个足球训练过程。在具体的培养与训练中,教练员要选择适合运动员身心发展特点的练习活动,每开始进行一个新的练习,都要仔细观察队员们对这项练习的反应、难易程度和强度大小等情况。通过多方面的观察,进一步提高自身的思考能力,能真正地发现足球训练中存在的问题,然后去加以改进。除此之外,教练员还要学会制定合理的运动计划或方案,指导运动员依据足球计划或方案按部就班地参加训练。

三、我国足球后备人才培养的对策

(一)确立正确的人才培养目标

为促进足球后备人才的健康发展,在对其进行挖掘与培养的过程中,首先就要确立一个正确的培养目标,这是至关重要的。很多的欧美国家的青少年足球运动员的培养主要具有业余性,将训练置于教育系统中,在不摆脱教育环境的条件下进行训练,对学生文化课学习的管理也不松懈,对学训关系处理妥当,促进学生全面发展。

(二)尊重人才的主体性,围绕主体需要完善动力机制

运动员要想提高自己的运动训练水平,必须要有一个良好的动机,这就

需要遵守人才的主体性,围绕运动员这一个体构建一个完善的动力机制。青少年喜欢足球运动,对这项运动有较高的兴趣,这是其参与足球训练的主要动力。要充分尊重青少年足球后备人才的主体性,充分激发他们参与足球训练的积极性,促进训练水平的提升。

(三)注重物质激励,按培养目标完善激励机制

为促进足球后备人才运动水平的提升,还需要构建一个完善的激励机制,其中物质激励是一个十分重要且有效的手段。在足球后备人才的培养中,可以通过提供社会资助和发放奖学金来激励获得优异运动成绩的运动员,足球特长生获得这些资金或资助能够解决学费问题。世界上有很多国家围绕人才培养目标来选择激励手段,取得了不错的成果,这对于我国足球后备人才的培养具有一定的借鉴意义。

(四)构建完善的足球后备人才培养的保障机制

足球后备人才的培养与发展需要建立在一定的公平、公正基础之上,其中高水平的足球运动员是主要保障对象,只有树立了这样的基础,才能推动足球运动的发展。人才培养中所需的基础设施建设主要由国家负责,培养过程中涉及的经费、保险由政府、社会及个体共同承担。人才培养组织机构在市场化运作中吸收市场闲散资金来解决人才培养的经费问题,为人才培养工作的顺利开展提供必要的基础保障。

第二章 校园足球"四位一体"文化体系的建设与发展

基于校园足球特点,提出校园足球文化的概念:校园足球文化是校园足球相关的物质文化、制度文化、精神文化和行为文化的总和。当然,利用"四分法"对于校园足球文化进行分类,具有一定的优势,同时也存在一定的弊端。优势在于比"二分法"更为细化,更为具体,有利于校园足球文化的具体化;弊端在于各类文化之间并不是绝对的相互独立的存在,而是存在一定的交叉、重叠的情况,而这一弊端无论何种分类方式均不可避免。

第一节 校园足球物质文化建设

一、球类物质文化的内容

球类物质文化是指开展足球活动的基本物质基础,主要包括球类活动的方式、球类运动器材和场地设施,以及为促进球类发展而创造并形成物质的各种思想物化品等内容,以上内容是紧密相连的。

(一)球类活动方式

随着人类社会文明程度的提高,多种形式的球类运动不断出现,并在世界范围内流行,它已经成为满足各种精神需要的极具生命力的一种活动方式。例如,人们通过观看足球比赛来放松身心,宣泄自己的情绪;通过打网球和篮球来锻炼身体,增强体质。

第二章 校园足球"四位一体"文化体系的建设与发展

（二）球类器材和场地设施

在人类的各种需要中，由于体育是作为一种以精神为内核的需要，与人类的其他需要相比，人类对体育方面的需要出现得相对较晚。但是，人们并没有减少对满足自身全面发展需要而创造的欲望。例如，人们为了满足自身体育运动的需要，建了篮球场、体育馆、足球场等场地设施，以及创造网球拍、球类等器材。

（三）球类发展所创造并形成物质的各种思想物化品

在体育物质文化中，其范畴中也包含了由人们的体育意识和观念直接形成的物质产物，并且这种形式的物质产物要高于直接充当体育活动方式载体的体育设施和用具，如体育竞赛规则、裁判法、体育比赛录像等。

二、校园足球物质文化建设

在校园足球物质文化建设中，应从以下几方面着手。

（一）注重经费投入

促进大学校园球类物质文化的发展需要加强对场地设施的建设，而这要求投入相应的经费来保障设施建设的顺利进行。以我国高校为例，对于球类运动的场馆、设施有着一定的要求，具体如下。

1. 10 000人及以下规模的普通高等学校体育场馆设施配备目录

（1）基本配备类方面要求

室外场地设施方面：要求场地面积生均4.7平方米，球类运动方面的必备设施内容包括：400米标准田径场（内含标准足球场）1块，篮球场、排球场、网球场共35块以上。还要求篮球场、排球场、网球场全部进行硬化或绿化。

室内场地设施方面：面积（生均0.3平方米），必备类设施内容之一为风雨操场1个；选配类则可选择乒乓球（羽毛球）室1个或多功能综合健身房1个。

(2)发展类方面要求

室外场地设施方面:面积(生均5.6平方米),在球类运动方面的设施内容要求有:400米、300米田径场(内含足球场)各1块,篮球场、排球场、网球场、非规范足球场30块以上等。

室内场地设施方面:面积(生均0.4平方米),设施内容方面的要求有:体育馆1座,风雨操场面积若干,乒乓球(羽毛球)室1个等。

2. 10 000~20 000人规模的普通高等学校体育场馆设施配备目录

(1)基本配备类

室外场地设施:面积(生均4.7平方米)。球类方面必配类场馆设备内容包括:400米田径场(内含足球场)2个,篮球场、排球场、网球场60块以上。

室内场地设施:面积(生均0.3平方米)。必配类要求:综合多功能体育馆1座、风雨操场1个等要求。在选配类方面,内容之一为乒乓球房(羽毛球房)1个。

(2)发展类

室外场地设施:面积(生均5.6平方米)。室外场地设施内容包括:足球场地3~4块,篮球场、排球场、网球场70~80块,棒球(垒球)场地2块等。

室内场地设施:面积(生均0.4平方米)。球类场馆设备方面要求:多功能综合体育馆1座,风雨操场2个,乒乓球、羽毛球室内房1个,手球场地1个(可与篮球场地共用),壁球室4处。

3. 20 000人及以上规模的普通高等学校体育场馆设施配备目录

(1)基本配备类

室外场地设施:面积(生均4.7平方米)。必配类内容包括:400米田径场(内含足球场)4个,篮球场、排球场、网球场80个等。

室内场地设施:面积(生均0.3平方米)。设施内容包括:多功能综合体育馆1座,风雨操场2个,室内单项运动场地若干,等等。

(2)发展类

室外场地设施:面积(生均5.6平方米)。必配类内容包括:足球场地在20 000人发展类标准的基数上每增加5 000人增设1个,篮球场、排球场、非规范足球场、网球场在20 000人发展类目录的基数上每增加500人各增设1个,棒球(垒球)场地在20 000人发展类目录的基数上每增加10 000人增设1个,等等。

室内场地设施:面积(生均0.4平方米)。设施内容包括:多功能综合体育馆2座,风雨操场3个,乒乓球、羽毛球室内房2~3个,各单项均有专用的室内运动场地,等等。

(二)提高球类场馆设施的利用率

学校应依据本校的实际情况,合理安排球类体育场馆开放时间,要做好整体上的规划,进行合理布局、细致安排,从而使球类场馆设施的利用效率得到最大限度地提高。

(三)场地设备建设要体现一定的文化底蕴

在校园足球物质文化建设过程中,应注重文化品位,体现和谐、美观。球类体育场地实施应与学校的办学理念和态度相契合。球类体育场地设施应具有一定的艺术美感,从而促进学校文化环境的优化和校园体育文化内涵的丰富。

第二节 校园足球制度文化建设

校园足球与校园制度文化的融合构成了校园足球制度文化,对校园制度文化及其建设的研究有利于我们更好地了解与认识大学校园足球运动文化的知识。

一、校园足球制度文化的内涵

学校制度是一个学校在长期的管理实践中摸索选择和积淀下来的管理思想和管理理念,充分展示了学习的文化传统。学校制度有两个维度:一是政府层面,如现代学校的举办制度、办法、方针、办学理念,政府对学校的管理制度等;二是学校内部的制度,它是政府制度规范下学校自身运行的各类规章及学校与家庭、学校与社区之间的关系的规定。

学校制度文化是指社会期待学校具有的文化,包括信念、价值观、态度及行为方式等,它体现着社会对学校在文化方面的要求,是保证学校正常运行的组织形式,能够把学校的价值观念外化为学校师生员工的自觉行为,体现一所学校独特的核心价值观念。

校园制度文化是依据学校的意识选择的,具有强烈的规范性、组织性和秩序性,属于校园范围内必须强制执行和严格遵守的文化类型。校园制度文化是校园文化在各项规章制度中的体现,是实现学校目标的重要保障。其主要包括学校的各类规章制度、人才培养目标、人才培养模式、治校方针、改革措施、道德规范以及管理模式等。

体育的制度文化是人类以体育运动的方式进行自我完善的制度产物,是调节与规范体育活动中人们各种关系的规章制度与组织机构。

足球制度文化是人们在开展足球活动的实践中所形成的一种文化,富于动态且具有稳定性。

1. 各种组织机构

球类制度文化主要由世界球类组织、洲球类组织、国家球类组织、民众球类组织、学校球类组织、球类运动竞赛组织等构成。

2. 球类活动的原则和制度

球类制度文化来源于对球类活动实践和球类精神领域的思考,是球类制度文化体系中作用最为突出的组成部分。

3. 运动组织形式

在球类运动比赛中,有很多不同角色的划分,如裁判、教练、队长、队员;以及多种赛制,如单败淘汰制、单循环制、交叉淘汰制等赛制,这属于制度文化中最基本的内容。

二、校园球类制度文化建设

(一)校园球类制度文化建设的基本理论

1. 校园球类制度文化建设的意义

制度文化建设是校园文化建设的框架,是高校工作中不可忽视的一项

第二章　校园足球"四位一体"文化体系的建设与发展

重要内容。通过制度文化建设,能够促进校园行为的规范。因此,可以说高校制度文化对于学校的意义在于,它提供了一个使国家意志得以体现、办学者主张得以贯彻、人格健全发展得以实现的有力保障。

校园制度文化作为学校文化的重要组成部分,其建设具有重要的意义,是当前文化立校、文化理校的关键环节。学校制度文化建设通过常规教育、常规示范、常规训练等方面得以落实和完善。学校制度文化建设对于规范学校办学行为,建设和谐校园以及提升办学水平都有着重要的作用,建立健全科学化、规范化、系统化的学校管理制度十分必要。

2. 校园球类制度文化建设的基本原则

(1)人本性原则

学校制度文化育人作用的发挥,首要前提是该制度文化既符合社会需求,又符合师生个体需求,这两个要求缺一不可。"以人为本"的模式从本质上是一种人性的管理,通过师生的积极主动性调动,将学校制度文化转化为师生内心规则和外显行为。此时,尽管建立许多规章制度,师生不会有压抑之感,反而会心情舒畅,能够自觉维护和执行。以人为本的制度文化建设,离不开相对宽松的环境,制定者应有平等意识,选择适当途径,吸收各方面信息,力求以多角度的思维分析与处理现实生活中的问题。

(2)民主性原则

制度的制定必须遵循民主集中制原则,坚持"从群众中来,到群众中去"的基本方法,让师生参与制度的制定。在制定相应的制度时,学校管理者应该做相应的民意调查,召开不同层面的人员的座谈会,在拟定相应的制度初稿之后,应充分征求教师的意见和建议,然后将意见集中起来并交由教代会进行审议,然后再将制度进行进一步的完善,最后再正式实施。制度文化建设应坚持"从群众中来,到群众中去"的基本方法,使全体学生都能够广泛参与到学校管理的过程中,使得学生和教师都能够了解其制度的具体内容,并对其可行性进行反复的讨论,制定的规章制度要有广泛的群众基础,得到学校职工和学生的认可。这样既可以避免制度脱离实际,保证制度的科学性,又有利于统一认识,沟通感情,从而为制度的贯彻执行奠定心理基础,使制度制定和执行中的阻力得以减少。

(3)独特性原则

不同学校的办学历史、地理位置、师资水平、师生素质等客观条件都存在着差异,因此学校在管理方面的理念和做法也不尽相同,学校与学校之间具有一定的差异性。这就使得不可能有一套所有学校都适用的制度。因此,学校在进行制度文化建设时,应从学校的实际情况出发,这样才能够切实可行，促进学校各项工作的开展。

(4)全面性原则

学校的管理工作涉及方方面面，为了保证各项工作的健康有序开展，各项工作都必须有相应的规章制度，以规范和指导学校的行政管理、教职工管理、学生管理、财务管理等。这些规章制度的建设使得学校各项管理工作有"法"可依，有章可循，从而使整个教学工作的正常运行得到了一定的保障。

(5)实效性原则

有效的规章制度是无形的领导者，它凭借自身的强制性力量促使人们按照一定的标准和要求，在一定的限制条件下进行有效活动。为了达到这样的目的，制定制度前要对学校各方面的工作进行认真调查，了解存在的问题，并找出问题的症结，这是制度具有时效性的前提。学校制度文化存在着由外及内的过程，要使学校制度文化发挥最大效能、在执行规章制度的过程中必须对师生的主观能动性、师生思想的变化予以关注，从而增加学校制度实施的实效性。

(二)校园球类制度文化建设的对策

校园球类制度文化建设的具体对策包括以下几个方面。

1. 建立校园足球"特区"

现阶段，我国竞技体育发展水平较高，但足球运动的发展一直难以取得良好的成绩与突破，二者形成极大的落差。我国足球发展现状与我国的综合国力明显不适应。我国足球运动难以快速发展的一个主要制约因素就是缺乏足球后备人才。为了对这一制约性的问题进行解决，国家体育总局已经采取了一些特殊的政策，如对全运会足球赛制进行改革，在全运会中增设青少年组足球比赛，增加金牌和奖牌的权重，这些政策在其他体育运动项目中很少见。在政府的大力号召下，全国各省、区、市开始逐步重视对青少年足球人才的培养，一些省市逐步对青少年足球队重新进行组建。

校园足球活动的开展并不是一件轻松的事情，是落实青少年足球工作的重要措施，校园足球活动是一项长期的系统的工程，需要投入大量的资源，而且在很长时间之后才能收到明显的效果，这表明开展校园足球活动的工作十分艰苦，但这项艰苦的工作关系到我国足球的未来，因此要引起一定的重视。要想促进家长、学校及社会各个部门的支持度，就需要采取各种有效的政策与途径。其中，建立校园足球"特区"就是当今校园足球发展一个很好的举措。

第二章 校园足球"四位一体"文化体系的建设与发展

建设校园足球"特区"已被实践证明是一个很好地促进我国校园足球发展的策略,将校园足球作为特定区域,给予一定的政策扶持,能吸引教师、学生及广大的社会人员参与其中,共同推动校园足球的发展。政府制定的相关政策要有利于校园足球运动的发展,需要注意的是,关于校园足球发展的政策要有一定的特殊性。这里的特殊性主要是指,第一是足球的扶持政策要具有针对性,即专门针对校园足球,只有校园足球才能享有这些政策,其他体育项目不能享受;第二是指政府出台的政策要有所创新,仅仅进行一定的改革与改造是远远不够的,一定要能创新出切实推动我国校园足球发展的政策。

目前,我国校园足球存在多方面的问题,其中,学校领导重视不够,家长及社会人员不认可,经费有限,师资力量薄弱等是其中最为重要的因素,这对于我国校园足球运动的发展是十分不利的。为改变这一现状,必须要采取有效的政策和措施,妥善解决以上问题,如此才能扭转校园足球不良的发展局面。例如,可以出台足球定点学校校长的绩效考核受校园足球工作开展成效的影响等相关的政策,这样就能够促进校领导对校园足球重视程度的增加,能够对校长的工作积极性进行有效的调动。除此之外,针对"场地设施短缺"这一问题,需要借助现阶段我国推动公共体育服务体系建设的有利形势,对相应的政策加以制定,在城市建设规划和土地利用规划中纳入足球场地设施建设问题。具体来说,在规划公共体育设施时或者建设新学校时,需要投入一定的经费,建设确保校园足球运动开展的足够的教学设施。

总之,建设校园足球"特区"是一个很好的策略,需要教师、学生、教育部门及社会力量的共同合作与支持,我国政府部门也要出台一些有利于校园足球发展的文件或特殊政策,给予校园足球必要的政策支持,从而推动校园足球运动的健康发展。

2. 构建校园足球网络信息平台

如今,现代科学技术在社会各个领域都得到了广泛的利用,在校园足球中也是如此。校园作为重要的人才培养基地,对于足球运动的发展起着极为重要的作用。为促进校园足球的进一步发展,应该充分利用现代科学技术构建一个足球网络信息平台,以推动校园足球的进一步发展。校园足球信息网络平台的构建,不但有利于共享校园足球运动的资源,而且有利于促进足球教师科研与训练能力的提高。由此可见构建校园足球网络信息平台的重要性。

第三节 校园足球精神文化建设

在校园足球文化体系的建设中,精神文化发挥着重要的指引作用,学生对校园足球活动的期望主要由精神文化来承载,同时,校园足球精神文化也反映了学校及学校所在城市对校园足球发展目标的终极追求。

一、校园球类精神文化的内容

校园球类精神文化的内容主要包含以下几方面。

(一)球类运动的理论体系

由于体育是一项以改造人的身心为目的,促进身心全面发展的活动,因此,它需要在多个方面和不同的层次上做出科学的阐释。体育学科是在体育活动的理论需要背景下产生和发展起来的,如体育史学、体育经济学等。这些体育学科和一些体育领域的研究主要是通过书面的形式进行呈现的。

(二)精神世界的物质内涵和行为准则

体育精神文化是体育物质文化和制度文化紧密相连的中介,这是其与一般文化最显著的差异。例如,球类谚语、球类运动训练、球类器材、球类服饰等,这些都属于这一层次的体育精神文化。在运动训练中,我们观察和注意的是它的外在身体运动的场面表现等体育物质文化;注意它的教学传授方式与人际关系等体育制度文化;注意它的训练原则与指导思想等体育精神文化。

(三)通过体育改造人的主观世界的想法和打算

体育精神文化是指体育活动中所依附的思想意识形态的总称,如科学、哲学、心理、道德规范、文学艺术、审美观念等。

第二章 校园足球"四位一体"文化体系的建设与发展

1. 体育观念

体育观念是指体育教师和学生对体育在健身、娱乐等方面以及在心理素质、智力培养等方面所体现出来的一种价值认定。

2. 体育道德

体育道德是学生整体人文素质状况反映的一部分,这种在体育运动参与过程中体现出的道德水平非常真实和客观,是学生对体育内在意识、观念及价值等的具体表现形式。特别是在团队性体育运动中更展现得淋漓尽致,如在足球比赛中每个队员的责任感、公平竞争、遵守规则、尊重裁判等的精神及功利主义态度等都可以将学生的体育道德状况反映出来。

3. 体育精神

校园体育精神是学生为实现教育目标,在校园文化建设的过程中长期逐步积淀、整合,提炼出来的。校园体育精神重点培养学生的竞争、拼搏,意志品质,团结协作,奉献、遵纪守法和创新等精神。

二、大学校园球类精神文化建设

体育精神文化在体育文化体系中居于主导地位,是体育文化的核心。大学应从以下几方面着手来对校园球类精神文化进行建设。

(一)明确校园足球的发展定位

校园足球可以说是我国足球运动可持续发展的重要基础,作为一个人才培养基地,校园足球承担着为我国培养高素质足球后备人才的重要任务。为促进校园足球运动的健康发展,首先我们要明确校园足球的发展定位,认真研究与分析校园足球的发展背景及战略,从而准确把握校园足球发展的态势。

虽然近些年来我国逐步加大了足球运动发展的力度,采取了大量的措施与手段来提升我国的足球运动水平。但总体而言,目前我国的足球发展水平还是不容乐观的,与欧美等强国以及亚洲近邻日韩等国还有着不小的差距。近些年来,我国青少年足球人口也在不断减少,导致足球选材的范围非常小,这对于我国足球运动的可持续发展是非常不利的。为推动我国足球事业的进一步发展,我国政府明确指出,要"坚持体教结合,大力发展校园足球"。在这一形势下,国家体育总局与教育部以此为契机,开展了大量的全国青少年校园足球活动,为我国校园足球的发展创造了良好的氛围。足球回归校园可以说是我国青少年足球后备人才培养模式的一个战略选择。在校园足球后备人才培养的过程中,我们要重点解决"规模小、质量差、成本高"等问题,只有创造一个浓厚的校园足球环境和氛围,才有可能挖掘与培养出大量的高素质的足球人才。

在新的时代背景下,我国校园足球发展的重中之重主要包括两个方面。一方面是加强足球运动的宣传与推广;另一方面是构建一个健全和完善的足球后备人才培养新模式,培养出一大批新型的足球人才。在校园足球发展的过程中,学生是这一培养模式的参与对象,要尽可能地为学生提供一个良好的运动环境,这样学生学习足球的兴趣才能得到有效激发,足球技能才能得到提升。校园足球是阳光体育运动的一项重要内容,校园足球活动的开展能够使足球与学校其他体育运动之间相互包容,使学校体育运动能够接纳足球运动,并组织与开设校园足球课程,开展校内外足球活动与比赛。校园足球活动是一种特殊的教育方式,我们要明确校园足球发展的基本定位,努力促进足球运动的可持续发展。

在校园足球运动发展的过程中,除了加强学生的身体素质、运动素质等方面的训练和提高外,还要建立一个普及和提高足球运动协调发展的工作机制,这有利于足球后备人才的挖掘与培养。

(二)加强对校园足球活动的舆论宣传

当今社会是一个信息化社会,各种事物的发展都离不开信息传播。校园足球运动的发展也是如此。在当今信息化背景下,校园足球运动的开展离不开舆论宣传工作,其目的就在于通过舆论宣传使社会更多层面的大众知晓和了解校园足球开展的重要性和必然性,进而使他们也能够积极地参与其中并且为校园足球做好宣传与推广工作。

具体而言,校园足球运动的宣传与推广工作可以从以下方面展开。

1. 重视足球运动核心价值的宣传

作为校园足球的工作者,应该要高度重视校园足球核心价值体系的建设,尤其是要高度重视发展定位、发展思路、培养理念等几个方面的内容,使公众能够更全面地认识校园足球,促进全社会对校园足球都积极支持与广泛参与的氛围的形成。对最广大的群众宣传校园足球运动具有非常现实的意义,其原因在于构成校园足球运动的主体正是千家万户家庭的孩子,由于受我国传统家庭观念的影响,家长对孩子行为有一定的影响力,因此,只有通过一定的宣传与推广才能使学生、家长等给予校园足球充分认同和支持,为校园足球的发展提供良好的保障。

2. 及时总结与推广

校园足球工作人员要做好经验的总结,并在适当的时机进行大范围的推广,对于那些足球运动开展较好的学校给予一定的奖励和表彰,发挥他们榜样示范的作用,引领其他学校发展校园足球运动。

3. 充分发挥媒体的作用

校园足球在发展的过程中离不开必要的宣传与推广,而这些工作的开展则离不开各种媒体的利用,媒体可以说是推动校园足球发展的重要动力。因此应该借助多样化的现代便捷信息传播途径,如网络、电视等媒体并结合青少年的身心特点,促进以网络媒体为核心、电视媒体和平面媒体为辅助的形式多样、点面结合的校园足球宣传推广工作平台的形成,促进校园足球宣传实效性的提高。

第四节 校园足球行为文化建设

行为文化是构成校园足球文化的基本因子之一,它是指在校园足球活动中学生所表现出来的各种行为。校园足球行为文化主要有与校园足球相关的学生的价值观念(理念、目标、精神)、行为方式(足球竞赛、礼仪、足球游戏)以及行为环境等(学校足球、城市足球)。

在校园足球行为文化建设过程中,主要从以下几个方面来进行。

一、足球竞赛活动

运动员在正式比赛的条件和要求下进行体育运动训练。一般来说,足球竞赛活动不仅能有效检验平时的训练效果,还能使运动员创造性地运用知识、技术和战术的能力以及提升身体素质,除此之外,还能很好地提升运动员的应变能力和实战能力。

进行足球竞赛,运动员之间还能相互交流经验,提升自身的技战术水平。足球竞赛活动在运动员心理承受能力的提升、坚强意志品质的培养方面也发挥着非常重要的作用。

为保证足球竞赛活动的科学性,应重点注意以下几个方面的要求。

(1)要采用适宜的运动负荷。进行足球竞赛,能在一定程度上激发运动员的训练兴趣,提高训练的质量。因此,在进行足球竞赛时,就要求以专项训练的需要为主要依据,来针对性地选择适合运动员特点的竞赛内容和形式,同时还要注意安排适宜的运动负荷。

(2)运用时机要合理。在竞赛的过程中,教练员要积极地引导运动员进行训练,要在训练中不断提高运动员的自我控制能力,培养其优良的体育作风。

二、足球游戏

足球训练过程一般都比较漫长,在漫长的训练过程中,运动员难免会出现一些消极情绪,久而久之就失去了参加运动训练的热情。因此在安排训练活动时还要贯彻趣味性训练的基本原则。针对活泼好动的运动员,可以采用多样化的训练形式,利用各种游戏方式来组织训练活动。如此可以很好地激发学生学习的兴趣和热情,保证训练的质量。

三、足球环境

(一)学校足球环境——学校业余训练

学校可以说是人才培养的一个重要基地,为挖掘具有运动天赋的运动人才,我国出现了学校业余训练模式。这一模式就是在体育教学和课外体育活动的基础上,开展各种形式的业余训练,课余时间组织有足球天赋与特长的学生参与足球训练和比赛,促进学校足球运动队竞技水平的提高,促进校园足球发展。这种模式的训练时间较为灵活,具有很强的可操作性,对于学生足球运动水平的发展和提高具有重要的意义。

目前来看,受各种因素的影响,我国学校业余训练模式还存在不少问题,需要进一步的改进与完善,还需要经历很长的时间。在这一模式下,我国学校足球的发展情况如下所述。

第二章 校园足球"四位一体"文化体系的建设与发展

(1)有很多的学校足球场地设施不足,不能很好地满足学生学习足球的需要。

(2)足球教师或教练员的综合水平较低,对于学生运动技能及综合素质的发展是十分不利的。

(3)目前,我国足球比赛比较涣散,还没有形成一定的系统和规模。普通学校中通过业余训练参加竞赛的学生数量少,水平低。可以说,体育系统内业余体校的学生将教育系统内的足球比赛当作了自己的练习场,因此很难保证比赛的质量。

(4)中小学中参加足球训练的学生数量不多,这主要是受传统观念影响和制约的结果。大部分家长传统观念严重,只重视文化课程的学习,担心孩子参加训练会影响文化课成绩。学校也是如此,占用体育课,占用足球训练与比赛的时间来安排文化课程的教学,以提高升学率。

学校业余训练模式的种种问题,使足球运动竞技的发展乃至全国足球后备人才的培养受到消极的制约与影响。因此,作为原有竞技体育后备人才培养的辅助系统,学校业余训练模式并没有发挥自身应有的作用。

(二)城市足球环境——职业俱乐部

目前,足球发达国家的职业联赛已经处于高水平的发展阶段,并且已经形成了非常完善的职业俱乐部青训人才培养体系,在这一体系中涌现出了一大批优秀的足球运动员。20世纪90年代,我国成立了足球职业联赛,在此之后中国足球开始向着职业化的道路前进。但需要注意的是,由于我国职业足球的起步较晚,且基础水平较低,因此与其他足球发达国家相比存在着很大的差距。但是足球职业化的这一发展方向是正确的,在今后的发展中,需要我们主动吸收和借鉴国外足球发达国家的先进经验,并结合我国的具体国情,走一条特色化道路,相信在不远的将来我国也会涌现出大量的高水平足球运动员。

第三章　校园足球后备人才的培养及其现状分析

体育人才是促进体育事业进步的重要因素，而人才的培养是一个漫长的过程，尤其是在当今竞技活动更加激烈的背景下，人才培养的年轻化趋向几乎是必然。足球运动是我国的短板运动项目，其根本原因在于人才培养不到位，想要改善这一困境，必须采用合理的方式培养优秀的足球人才，尤其是要注重校园足球人才的培养。

第一节　校园足球后备人才培养的理论依据

校园足球人才的培养与训练是我国竞技体育发展中一个非常重要的环节，足球作为集体竞技球类运动的重要构成，是世界竞技体育发展最为强劲的运动项目，也是我国体育发展非常看重和亟待突破的一项运动。在后备人才的培养方面，我们需要从科学理论的基础上抓起，下面从运动生理学理论、运动心理学理论、体育教育学理论以及体育人才学理论几个方面展开论述，以期能在青少年的求助人才培养方面提供扎实、有效的理论依据。

一、运动生理学理论

（一）运动生理学的概念

运动生理学作为生理学的一门应用分支学科，研究人体在参加体育运动中的各种功能活动的发展变化。具体来说，是研究人体在单次运动或者反复运动中身体的各种功能所产生的反应以及适应性变化,并且用于对运动实践的指导。

(二)肌肉与运动

1. 肌肉的组成及功能

人体的肌肉主要分为骨骼肌、平滑肌和心肌三大类。其中,骨骼肌的数量约占体重的40%~45%,是实现躯体运动的主要组织,运动生理学研究的肌肉主要是指骨骼肌。肌肉活动是通过收缩和舒张来实现的,包括各式各样的运动和维持各种姿势等。

2. 肌肉收缩与舒张的原理

(1)肌肉收缩的肌丝滑行理论。肌丝滑行理论是指肌肉的缩短或伸长是由于肌小节中粗肌丝和细肌丝相互滑行完成,而肌丝本身结构和长度不变。

(2)肌肉兴奋收缩和舒张的过程。肌肉的收缩是由细肌丝和粗肌丝的相互滑行实现,有横桥运动产生带动,而在完整的机体中,肌肉的收缩是由运动神经传来的兴奋信息引起,即冲动经神经肌肉接头传递至肌膜,再触发横桥运动,产生肌肉收缩,收缩后再舒张,然后进行下一次收缩。简而言之,肌肉收缩和舒张的全过程是由三个环节构成:兴奋—收缩偶联、横桥引起肌丝滑行、收缩的肌肉舒张。

3. 肌肉的力量

(1)静力性力量和动力性力量。肌肉力量一般可分为静力性力量和动力性力量。静力性力量指肌肉等长收缩时的力量,能让身体保持某一姿势但不产生明显的位移运动。动力性力量是肌肉向心或离心收缩时所产生的力量,是人体或动作明显产生位移的动力。动力性力量又分为重量性力量和速度性力量。重量性力量的大小主要用肌肉工作时所推动的器械的重量来计算,例如,举重运动使用的力量就是典型的重量性力量。速度性力量的大小是由加速度来评定,此时认为器械的重量恒定,例如,田径运动中的投掷、跳跃,足球运动中的顶球、踢球等属于此类。

(2)绝对力量和相对力量。有时也把肌肉力量分为绝对力量和相对力量。绝对力量指机体克服阻力时使用的最大肌肉力量。相对力量是指单位体重、去脂体重、体表面积、肌肉横断面积表示的最大肌肉力量。

（3）最大力量、爆发力和耐力。肌肉的力量按照其表现形式还可分为最大肌肉力量、爆发力和力量耐力等三种基本形式。最大肌肉力量以肌肉所克服的最大负荷阻力表示。爆发力是短时快速发挥的力量，以力与发力速度的乘积表示。力量耐力指肌肉长时间对抗阻力的能力，以持续时间或重复次数表示。

（三）呼吸与运动

人体在新陈代谢过程中不断地从外界环境摄取氧气然后排出二氧化碳，这种机体与外界环境之间的气体交换过程称为呼吸。呼吸的全过程分为外呼吸、气体运输和内呼吸三个环节。外呼吸是指外界环境与血液在肺部实现的气体交换，它包括肺通气和肺换气；气体运输是指肺换气后，血液载氧通过血液循环将氧运送到组织细胞，同时把组织代谢产生的二氧化碳运送到肺部的过程；内呼吸是指人体组织毛细血管中的血液与组织和细胞之间的气体交换，也称为组织换气。

1. 肺通气

肺通气是指肺与外界环境之间的气体交换过程。呼吸肌的收缩和舒张引起胸廓节律性地扩大与缩小称为呼吸运动，它是实现肺通气的原动力。肌肉收缩与舒张带动胸廓的扩大和回位。从而引起肺内压与大气压之间的压力差，推动气体进出肺部，再具体一点其实就是肺泡与外界环境之间的压力差实现了肺通气。

（1）肺内压。肺泡内的压力称为肺内压。人体平静时的呼吸是由吸气肌的收缩来实现的，属于主动过程。当吸气时，胸廓扩大，肺内压下降，当下降至低于大气压时外界气体顺压力差进入肺泡。在平静呼吸时，呼气运动并不是由呼气肌收缩引起，是胸廓和肺依靠弹性回缩使肺容积缩小，肺内压升高至大于大气压时，肺内的气体由于压力差被排出肺部。而在用力呼吸时，呼气和吸气都是主动的。

（2）弹性阻力。呼吸器官的弹性阻力来自胸廓和肺，其阻力的大小可用顺应性来衡量。顺应性用容积变化与压力变化的值来表示。正常情况下，肺部的结构顺应性因肺的总容积不同而不同，总容积越小，顺应性也越小。少年儿童的肺容积较成人小，运动时呼吸肌比成人易疲劳。比如，青少年足球运动员在训练时，若想增加相同体积的气体，其肺扩张的比例比成人要大，肺的弹性回缩力也大，更容易疲劳。

(3)非弹性阻力。肺通气的非弹性阻力包括惯性阻力、组织的黏滞阻力和气道阻力。气道阻力来自气体流经呼吸道时气体分子之间和气体分子与气道壁之间的摩擦,是非弹性阻力的主要成分,占 80%~90%。

2. 肺换气

肺泡与肺泡毛细血管之间的气体交换称为肺换气。体内毛细血管与组织液之间的气体交换称为组织换气。气体交换过程都遵循着一定的物理和化学规律,氧和二氧化碳都是通过物理溶解和化学结合的方式来完成气体交换。

(四)能量代谢与运动

人体消耗的总能量主要用于基础代谢率、食物的生热效应和运动的生热效应三个方面。三磷酸腺苷的合成与分解是体内能量流转的关键环节。三磷酸腺苷分子的高能磷酸键断裂,并释放能量,用于机体各种活动所需,不过,除了用于骨骼肌运动之外,三磷酸腺苷释放的能量最终都转化为热能。

热力学第一定律指出,能量在各种形式的转化过程中,既不增加也不减少。机体的能量代谢也遵循这一规律,无论是热能、化学能还是用于机械做工,能量总和不变。由于在静息状态下,能源物质所释放的能量最终都转化成热能,所以测定单位时间内机体产生的热量就可以测算出机体的能量代谢。对于运动时总能耗的测定,除了测量机体散发热量的同时,还要测量机体对外做功所折算的热量,两者之和就是单位时间的能量代谢。

(五)血液的循环与运动

血液在心血管系统中按一定方向周而复始地流动称为血液循环。血液循环的主要功能是为身体各器官组织供应氧和营养物质,同时将代谢产物运送到相应的器官并排出体外。另外,内分泌腺体分泌的激素也由血液送达靶器官进而发挥调节作用。除此之外,血液还发挥着维持人体内环境的稳态和免疫功能的作用。因此,可以说血液循环系统是人体生命活动的基础。随着运动活动的进行,代谢活动发生相应的变动以适应人体所需,此时血液循环也随之做出适时、适度的调整来响应运动的要求。如果人体长期参加规律的、科学的运动训练或健身运动,血液循环系统无论从功能上还是和结构上都会产生一系列的良好适应,从而人体健康水平也得到提高。

心脏是血液循环的动力器官,它的作用就是通过心室肌的收缩和舒张,将血液泵进动脉和抽吸回心房。心房和心室不间断地、有序地收缩与舒张是实现心室泵血的前提和基础。

心室每次搏动泵出的血量称为每搏输出量。健康成人静息状态的每搏输出量为70mL左右。但即使同样是静息状态,身体的姿势不同每搏出量也不同。一般情况下,卧位的每搏输出量要多于坐位,因为卧位时身体是水平位,全身的血流基本上与心脏处于同一平面,因此少受重力的影响而有利于血液回心。

(六)内分泌与运动

内分泌系统由内分泌腺以及分散于组织器官中的内分泌细胞组成,内分泌系统更像是一个体内的信息传递系统,与神经系统相互配合共同调节机体的活动,以及维持内环境的稳定。内分泌与外分泌的最大不同之处在于内分泌没有导管,分泌物直接进入组织液或血液。由内分泌系统分泌的具有高活性的有机物质称为激素。激素进入血液后在经由血液循环运送到全身各处,对组织或细胞发挥兴奋或者抑制作用。

体内主要的内分泌腺有脑垂体、甲状腺、甲状旁腺、肾上腺、胰岛、性腺、松果体和胸腺等。

激素主要可分为含氮类激素、类固醇类激素和脂质衍生物类激素三大类。激素可对机体的生理作用发挥加强或减弱的作用,比如调节三大营养物质及水和盐的代谢、促进细胞分裂和分化、调控机体生长发育和成熟衰老过程、影响神经系统的发育和活动、促进生殖系统的发育和成熟,并影响生殖过程、调节机体的造血过程、与神经系统密切配合、增强机体对伤害性刺激和环境激变的耐受力和适应力、参与机体的应激反应。

(七)神经系统与运动

神经系统对人体活动与运动的调节是通过大脑皮层、脑干与脊髓三级调控系统,以及大脑基底核、小脑的协调工作共同实现的。神经系统分为中枢神经系统与周围神经系统两部分,主要由神经元构成。神经元之间通过突触进行神经联系,反射是神经系统活动的基本方式。

神经系统工作机制十分复杂,不同的运动类型,调控方法也不同。生理学通常把人类和高等动物全身或局部的肌肉活动称为躯体运动。又依据运动时主观意识的参与程度将躯体运动分为三类。

（1）反射性运动。主要是指不受主观意识控制、运动形式固定、反应快捷的一类运动，如外部刺激引起的肢体快速回缩反射、肌腱反射和眼球注视等反射性运动。

（2）形式化运动（节律性运动）。指主观意识只控制运动的起始与终止，而运动过程大多自动完成。因为这一类运动其形式比较固定且运动具有节律性与连续性，比如步行、跑步、咀嚼、呼吸等。

（3）意向性运动。指具有明确的目的性，完全由主观意识支配运动全程，这类运动的运动形式较复杂。比如，跳高运动，运动员需要决定方向、选择高度、运动的轨迹，以及跑动的速度和节奏。

二、运动心理学理论

（一）运动心理学概述

运动心理学作为心理学的分支学科，是研究人体在体育运动中的相关心理活动及其规律的科学。简单可概括为如下几方面：

(1)人在运动中的心理特征与规律，以及个性差异与运动的关系。
(2)运动对人的心理过程和个性产生短期及长期的影响。
(3)掌握运动知识、技能以及训练的心理学规律。
(4)竞赛中人的心理状态及调节。

美国学者考克斯（Cox，2007）对运动心理学给出了一个简洁的定义：运动心理学研究的是心理和情绪因素对运动和锻炼表现的影响，以及参加运动所产生的心理和情绪效益。

（二）个体心理与运动表现

1. 运动动机及分类

动机是推动人进行活动的心理动因或内部动力。运动动机被定义为推动人们参与体育运动的内部动力，是一种内部心理过程，行为是这一内在过程的外在表现。运动动机的产生有两个必要条件：需要和诱因。

需要是因缺乏而引起的内部的不舒服感。当需要没有获得满足时，人的内在平衡便会遭到破坏，在生理或心理上都会有不适感。强身健体、情绪宣泄、获得认同等都可以是参加运动的需要；而诱因是激发参加运动的外部因素，这种因素可能是生物性因素也可能是社会性因素。如高额奖金、舒适的运动环境和设备等都可以是人们进行运动的外部因素。运动动机常常是在需要和诱因的共同作用下产生和进行，其中内因为主导，外因为辅助。

运动动机的分类如下。

(1)直接动机和间接动机。根据需要的特点可以分为直接动机和间接动机。直接动机以兴趣为基础、指向活动过程。间接动机以间接兴趣为基础、指向活动结果。一般来说运动员都同时受到直接动机和间接动机的驱使。相比较之下，直接动机对行为的推动作用更为有效。当运动的难度加大或者需要特别努力时，直接动机就遇到阻碍，需要和间接动机相结合，将过程、目的和意义整合在一起。

(2)外部动机和内部动机。根据来源的不同又可将动机分为外部动机和内部动机。外部动机是指来源于外部原因的动机。如为了获得公众的赞誉而努力训练。内部动机以满足自尊心和自我实现等心理需要为主，如渴望从运动中获得身体上的快感、刺激。相比较而言，内部动机的动力更强，维持时间较长。但内部动机的不足是它更多地指向运动过程而非结果，如果只注重培养运动员的内部动机，那么运动员可能会缺少野心和竞争意识。外部动机对运动员的推动力相对较小，作用时间也较短。以外部动机主导时如果挑战目标失败了，那么会容易泄气，产生懈怠心理。因此，在青少年的培养中要注重内部动机和外部动机一起发展，才能产生更好的效果。

2. 运动动机与运动表现

(1)归因理论。归因广泛存在于社会生活的方方面面，是人们随时随地都会发生的一种心理活动。韦纳对归因理论的解释最为简练易懂，他指出个体在遇到事情时通常会做出一定的归因，比如能力、努力、运气和任务难度。这四种归因又可分为三个维度：控制点、稳定性和可控性。

正确的归因可以激励个体，错误的归因会阻碍个体采取积极的行动。目前，有关归因理论的研究结果并不一致，但是采取恰当合理的归因可以有效地指导运动员、特别是青少年运动员的训练和比赛，进行积极应对。有计划的归因训练可以改变运动员认识成绩的方式，也可以改变运动员的实际表现。在培养校园足球人才的过程中，要对心理培养和建设给与充分的重视，特别是动机培养、归因练习，这些都是球员训练的重要组成部分，与体能训练、技战术训练等同等重要。

(2)自我效能。自我效能理论是指一个人对自己能否成功地完成一项任务所持有的信心和期望，或是对自己能够成功完成一项任务所具备的潜能的认识。自我效能又称为"自我效能感""自我信念""自我效能期望"等。影响自我效能的有四种信息:成功经验、替代经验、言语说服和情绪唤醒。

(三)运动团体与运动表现

1. 团体凝聚力的概念

(1)团体及团体凝聚力。社会心理学家将团体界定为由两个或两个以上的个体组成、彼此互动或相互影响的组合。卡伦等人将运动队界定为由两个或以上的个体组成的团体,其成员具有共同身份、共同目标、共同命运,成员使用结构化的模式交流及互动,成员之间相互依存、相互吸引,以一个整体的形式存在。

团体凝聚力或团队凝聚力反映的是团体倾向于聚集在一起、追求某一共同目标的动态过程。这一定义体现了凝聚力的动态性、工具性及情感性。凝聚力是团体生活中的重要因素。

(2)团体凝聚力的心理结构。团体凝聚力是一个多维结构,包括任务凝聚力和社会凝聚力。任务凝聚力指队员团结一致为实现某一特殊的或者可识别的目标做出努力的程度。社会凝聚力是指团体成员相互欣赏,愿意成为团体一员的程度。对运动团队而言,任务凝聚力与队员团结一致为了实现同一目标相关联。比如球队为了赢得比赛每个队员相互配合、相互支持,最大努力地发挥自己的位置职责,给队友创造最佳机会等,都是为了一个共同的目标。而社会凝聚力则与队员之间的相互欣赏、相互认同和吸引有关。但是值得注意的是,任务凝聚力并不等于社会凝聚力。球员之间也许有较低的社会凝聚力,但是这并不妨碍他们有极高的任务凝聚力。

(3)团体凝聚力的效果。个体及团体效果都包括行为效果、绝对及相对表现效应。个体效果还包括满意度。运动队或运动员个人的输或赢,是团体及个体绝对运动表现效应的衡量指标。而将一支运动队或运动员本人目前的表现与先前表现相比较,则衡量了团体及个体的相对运动表现效应。比如,一名球员也许"输掉"了一场比赛,他的绝对运动表现效应失利,但却获得了参赛以来的最好成绩,就是相对运动表现效应的提高。另外,团体凝聚力会影响个体对团队其他成员及团队的满意度。

2. 团体凝聚力与运动表现

团体凝聚力与运动表现间互相影响。凝聚力会影响运动表现,反过来运动表现也会影响凝聚力。有学者曾做过大量的研究,结果发现凝聚力与运动表现之间存在着正向关系。比如,高水平的凝聚力将导致更多的努力,进而提升运动表现,反过来又会促进团队的凝聚力,呈现出循环关系。

3. 促进团体凝聚力的途径

一个运动团队一般包括教练、体能教练、领队、运动员、心理咨询人员等等,不同的角色承担着一定的影响能力和影响途径,如果要提升团队的凝聚力需要通过协同努力。

(1)教练要创造有效沟通的环境。研究发现,团队成员的有效与凝聚力提升呈现循环关系,即沟通的增加可以提升团队的凝聚力,凝聚力提升了又会促进成员之间更多、更有效的沟通,循环往复。因此,教练或者团队领导者有责任营造一个有效沟通的环境,促进运动员之间能够在一个轻松、和谐的氛围中进行自由表达,抒发自己的思想和情感,并且能够得到认真的回应或对待。一个团队领导者应注意打造开放式的沟通渠道和环境,以促进提升凝聚力,凝聚力的提升又会鼓励团队成员间更加开放的沟通和交流。鼓励每个队员能够真诚地表达自己的正面或者负面的情绪,秉持着开放和建设性的原则,使团队彼此之间具有深度的了解、更少的误解,这些都是积极建设团队凝聚力的有效途径。

(2)明晰个体在团队中的角色。如果每个运动员都能清晰地知道自己在团队中的角色,将有助于提升团队的凝聚力。这首先需要教练清楚地解释每个成员的角色,以及每个角色对团队成功的重要性。每位队员在明确了自己的角色认知之后,对个人目标和团队目标有了整体把握,那么对接下来的努力具有非常重要的指导意义。并且,一个具有高凝聚力的团队,每个成员的努力都会潜移默化地带动其他成员也投入和付出等量的努力。

(3)设定具有挑战性的团队目标。具有挑战性的目标对个体和团体都有正向激励的作用。这里要强调的是,设定目标是对一个努力过程的预期,不仅仅指向结果。也就是说目标要关注过程和表现,而非仅仅局限于最终结果。比如,假设团队达成目标,那么团队会因为每个人的努力、表现和结果而受到鼓舞,也为自己的成就感到荣耀,提升团队凝聚力。假设团队没能达成目标,可是每个人付出的努力以及更好的表现同样也是对目标的回应和实现,也具有意义,是阶段性的进步,是为达到目标的一次有效努力。

(4)提升成员对团体的认同感。打造团队的独特性有助于提升团体认同感,进而提升团体凝聚力。因此,教练员可以留意挖掘团队的独特性,并通过一些手段或者仪式展示,将会提升成员对团体的认同感,进而提升团体凝聚力。

三、体育教育学理论

(一)体育教育概述

体育教育作为教育的重要构成,其产生与发展都受到教育的影响。体育教育还是教育和体育相结合的产物,是在教育的基本理论指导下的体育实践活动。"体育教育"概念的出现仅有几十年的时间,人们对体育教育的认识和定义也受到时代发展变化的影响。关于体育教育的概念可以概括为,是以传授体育知识和技能为基础,以发展身体素质为任务,以身体活动为形式的培养道德品格为目的的一种有计划、有组织的体育活动。

(二)终身体育的思想

1. 终身体育思想的由来

终身体育思想脱胎于终身教育的理念,作为一种教育思想最早萌芽于古希腊教育家和哲学家柏拉图关于哲学的教育思想,终身教育的广泛影响开始于文艺复兴时期,它不仅打破了传统的学校教育思想体系,并且对终身教育思想的确立具有标志性的意义。终身教育主张一个人在一生中都应该持续学习和受教育,并非仅仅局限于儿童或者青少年时期,学习是没有止境的,应该是伴随人一生的一项基本活动。终身体育思想的提出与其他教育思想的状况一样,都受到了社会、教育等几个方面因素的影响。首先,现代科技发展迅猛,从而带动人们的生活方式、生产方式都发生了巨大的变革,机械化、电子化以及人工智能的发展,让人们的体力得到前所未有的解放,但是身体活动的减少也带来了一系列的弊端,比如亚健康和富贵病的出现成为现代人生活中新的困扰。因此,坚持体育运动成为改善身体健康和生活质量的重要手段。其次,随着人们文化素养的提高,健康意识也在不断的提升,人们追求健康以及健康的体态、健康的生活方式。因此,人们希望获得科学、合理、可持续进行的运动技能以及相关的体育知识,使终身体育成为一种普遍的生活方式。

2. 终身体育思想的含义

终身体育思想是现代教育思想对体育教育的影响和新的要求,它主张的是将体育获得贯穿人的一生,并且是有意识、有目的、有计划的进行的。它的基本含义有两方面内容:

(1)人的一生要不断地学习,持续地进行体育锻炼,使体育运动成为基本的生活方式和生活内容。

(2)体育运动应该朝着系统化的方向发展,使学前体育、家庭体育、学校体育、社会体育等都相互关联,而不是相互割裂。给人们提供无论在哪个生活阶段、生活领域都有机会和条件进行正常的、有质量的体育运动或活动,从而保证体育教育的连续性、完整性和系统性,使终身体育成为可能。

(三)快乐体育的思想

1. 快乐体育思想的含义

快乐体育思想,是以情感教育理论和终身体育思想为理论依据而发展出来的,它认为情感是知识向智力转化的动力,也是人格发展的重要途径。快乐体育思想主张的是体育教育要从心理和情感层面入手,充分激活青少年的积极主动的学习欲望和热情,充分激活自我教育和主动运动的各种内部因素,快乐教育是全面启动青少年资质、活力、情感的一种教育方式,让青少年充分体验到体育运动的价值和意义。快乐体育强调将快乐的学习气氛和个人情绪贯穿于整个活动之中,让青少年品尝到体育运动的乐趣,从而培养他们运动习惯,并形成积极、乐观向上的生活态度。它可以简单地概括为两个方面的内容。

(1)通过对运动技能的学习和掌握从而获得一种成功的快乐感受,这是一种非常重要的心理体验。

(2)在学习过程中保持愉悦的学习氛围非常重要,即寓教于乐,让体育运动成为以快乐为主要体验的一种活动。

2. 快乐体育思想的局限

快乐体育思想是以因材施教为基本原则的一种教育思想,是以运动员为主体、以运动员的资质条件为根本而制定训练计划和选择训练手段的教育思想。它能有效地调动起青少年运动员的主动性和投入感,增强他们的创新能力和自我教育的意识,可以说,快乐体育是以研究学生的情感需要、快乐需要为基本出发点,也是导向终身体育的最佳途径。该教育思想从情感教学入手,从激发内在动力为主要任务,追求的是让青少年在运动中能尽量充分地体验成功和快乐的积极体验。

同时,快乐体育思想也有它的局限性。由于快乐体育思想是一种强调体育心理教育的思想,以追求积极情感体验为主,因此其教学效果比较难以用客观数据来评价,由此带来的弊端就是难以把握尺度和分寸,在某种程度上制约和影响着对训练的评估和考核。同时也导致对训练结果的轻视,导致在教学过程中会过多地注重课堂气氛这种表面的快乐,而难以把握那种经过克服困难而获得成功的深层快乐体验。对于培养校园足球人才来讲,快乐足球是一个很好的教育理念,但是在具体的实践过程中,还需要教练把握好分寸和训练方式,让快乐和技能提高有机地结合起来,单纯的快乐或者单纯的追求技能都不是目的。

四、体育人才学理论

(一)人才的一般性定义

1. 人才的基本含义

在不同的领域学科对人才有不同的定义。通常来讲,人才是指具有良好的素质,能够在一定条件下不断地取得创造性劳动成果,对人类社会的发展产生较大影响的人。

2. 人才的社会性与时代性

人才本身是在社会语境下产生的,而社会性又具有时代性,具备一定的历史性。即人才生活在特定的时代,他们的行为方式和思维方式都受到一定的社会因素制约。人才的贡献具有社会性和历史性,不同的社会产生不同的人才,人才属于时代,而时代的前进正是在一批批人才的贡献、持续不断的推动下才得以开展。"不知秦汉,何论魏晋",因此,真正的人才一定是紧随时代发展的人,而那种完全脱离时代,幻想凭借天资与才华获得成就的人,很难真的有所作为。

(二)体育人才的概念

体育人才的定义也同样具有社会性和时代性,但是其基本含义是指对人类的体育事业发展做出过突出贡献的所有体育领域的从业者,包括运动员、教练员、研究人员等。下面将从体育人才的基本属性进一步理解体育人才的概念。

1. 体育人才的竞争性

对于体育人才来说,竞争性是他们的标志性特点。体育人才都具有强烈的竞争意识和竞争精神,一个没有竞争意识的人很难成为体育人才。

2. 体育人才的创造性

发明与创新是人才的另一个重要属性,创造能力是优秀人才的根本属性,体育人才也不例外。竞技体育发展至今,对体育人才提出的要求也越来越高。高超的创新能力是建立在体育知识水平和能力水平的积累之上的,知识水平越高、能力越强,才能发挥出一定的创造力,因此,为了保证体育人才的不断发展,抓紧基础教育不容忽视。

(三)体育人才的分类

1. 竞技体育人才

竞技体育人才指在竞技体育领域内专门从事运动训练和参加体育竞技比赛的人才。体育竞技人才主要是各级的专业运动队、专业或者业余体育学校训练队的运动员以及裁判员,也包括大中院校内体育训练队的运动员。他们都是我国体育事业的重要人才队伍。

竞技体育人才包括裁判员、运动员(职业运动员和业余运动员)、教练员(临场指挥员)。裁判员在体育比赛中根据体育运动的竞赛规则,一方面起到保证比赛的公平进行的作用,另一方面肩负着监督运动员在身心健康的情况下,积极参加比赛、努力发挥应有的运动水平的重担。运动员是我国社会建设事业中的一个特殊群体,在竞技体育中处于核心地位。他们通过长期、执着的艰苦训练,以竞技水平的提高来不断推动体育事业的发展。教练员是对运动员的最直接指导者,也是集体项目的指挥者和策划者。教练员决定了运动员的训练水平。

2. 体育教育人才

体育教育人才是指在体育教育领域内直接或间接从事教育工作的人才。体育教师对我国的竞技体育的发展、竞技体育后备人才的培养以及全民健身运动的发展都起着十分重要的作用。

总之,体育教育人才是发展体育事业的核心力量,是培养人才的人才,他们决定着我国未来体育事业的发展情况,因此必须给予足够的重视和支持。近年来,我国非常重视体育教师的培养和队伍建设,这些都是符合时代和社会发展的需要的重要举措。

3. 其他

其他的体育人才还包括体育管理人才、体育产业人才、体育媒体人才、体育科技人才。

第二节 校园足球后备人才培养的特征

为了培养足球后备人才,我国应该重视校园足球人才训练工作,提升整体足球技术、战术服务。在训练过程中,教练员需要掌握科学的理念,合理安排运动负荷,将一般训练与专项训练充分结合,针对青少年身心发育的基本特点,帮助青少年快速提升。

一、适宜负荷

足球后备人才在训练的过程中需要承担一定的运动负荷,因此,一定训练具有适宜负荷的特征。在足球运动训练中,要以所确定的训练任务为依据,结合运动员的个体条件和专项水平,逐步地有节奏地加大运动负荷,直至最大限度,这样才能保证足球训练的科学性和有效性。

足球运动训练效果的获得主要取决于运动刺激的强度,即要采用适宜的训练强度,才能保证所取得的刺激效果是有效的,从而保证理想的训练效果。如果刺激较弱,是不能引起肌体功能的变化的;而如果刺激过强,则可能会对运动员的身体造成损伤,妨碍运动训练的顺利进行。

二、周期性训练

运动技能只有通过一遍又一遍的练习,才能发生由量变到质变的跃变,形成条件反射,形成正确的动力定型。周期性也是足球训练的一个非常重要的特征。足球训练是一个长期的具有周期性的过程,贯彻周期性训练原则对于提高足球训练的质量和效果具有重要的意义。教练员在平时的足球训练中要非常重视这一周期性训练特征。

三、系统性

青少年球员身心的良性发展,足球技战术的灵活运用,需要通过科学的系统训练才能实现。相关调查结果表明,无视训练的系统性特征是很难起到好的训练效果,科学合理的系统性训练在一定程度上可以延长运动员的运动寿命。运动训练的突然中断将造成严重的后果,出现暂时性神经联系的减弱或中断、技术动作遗忘或频繁出错、战术配合生疏等各种状况。青少年球员由于自身基础较弱,缺乏对足球运动的基本认识,因此,更需要教练员长期的指导,不间断的系统性训练。与此同时,在系统性的基础训练中,需要培养学生的想象力和创造力。

四、积极主动性

运动员参加运动训练一定要积极主动,这样才能取得理想的训练效果。首先要确定合理的训练目标,然后以此为方向,来提高运动训练的积极主动性,而积极性和自觉性对于是否能长期坚持进行运动训练是非常重要的。某种意义上来说,运动员参加足球运动训练,需要有一定的明确的目标指引,如此才能取得理想的训练效果。

运动员遵循积极主动性原则参加足球训练应重点注意以下几个方面。

1. 目的明确,动机端正

足球后备人才参加足球训练的主要目的在于提升自身的竞技水平,取得理想的运动成绩,这一点是非常明确的。在此基础上,运动员还要在动机上端正,这一点也至关重要,关系到体育运动训练效果的好坏。

2. 增加趣味性,充分调动训练积极性

运动员参加运动训练不是短期的事情,而是持续数年甚至十几年的训练周期,这就需要运动员在训练过程中,尽可能增加训练的趣味性,这样才能保证运动员训练的积极性,从而取得理想的训练效果。

五、注意引导

教练员应当肩负起教育球员的职责,对自己严格要求,提高思想水平、业务素养,投身于青少年球员的思想与业务指导工作之中。同时,教练员应在日常训练中开阔青少年球员的视野,鼓励青少年球员多思考、苦练、巧练相结合,提升自身的创新精神、应变能力。在球员想要偷懒的时候,要求其克服惰性,增强自觉性。

青少年通常容易对新奇的事物保持关注,难以做到坚持,因此,在足球训练中,教练员需要不断变化练习形式,通过穿插各种游戏达到训练目的,使训练课程变得更加有趣。从而提高青少年对足球训练的自觉性和积极性。

六、循序渐进性

球员身体素质的提高、运动技能的形成需要依据其自身发展的客观规律,需要遵循循序渐进的原则,切不可用力过猛,适得其反。只有把握好训练节奏、力度、难度,按部就班、稳扎稳打地打好坚实的基础,青少年球员的竞技能力才能在不同时期、不同发展阶段得到全面提升。

七、注重对抗性

足球比赛异常激烈,在比赛中充满了激烈的身体对抗,没有一个良好的身体条件是难以取得对抗胜利的。因此注重对抗性是足球训练的一个重要原则。在足球比赛中,场上双方进攻和防守两端的对抗是贯穿全场的。不仅如此,过程中还有个人一对一的对抗,团队整体的对抗。在对抗层面上,有技战术层面的对抗、心理层面的对抗、智力层面的对抗以及意志品质层面的对抗,以上这些对抗最终构成了足球运动的核心,也正因如此才吸引了大量的人们参与。

八、直观性

青少年以直观形象思维为主，形象思维发达，模仿能力强。教练员应该在训练中充分调动球员的视觉、听觉、触觉等感觉器官，从感性认识开始，逐步过渡到理性思维，最终提升自身的竞技能力。教练员在进行动作示范时，需要保证示范动作的准确性，引发青少年球员的模仿欲望，在头脑中形成正确的表象，最终掌握各种技术动作。还可以利用电视、网络等多媒体手段增强训练的直观性。

九、区别对待

每一名青少年训练对象都有自己的特点、个性，他们在身体条件、理解能力、接受能力、技术特长等各个方面，均存在一定的差异。所以教练员应该做到因材施教，在训练内容、训练形式、运动负荷上遵循区别对待原则，培养出有特点、掌握独门绝技的高水平球员。

只有教练员牢固树立区别性的指导原则，才能够真正调动青少年球员的积极性，激发其创造性，让青少年球员自由发展自身个性，锻炼出独特的技能。

十、训练与比赛相结合

为了保证足球训练活动的顺利开展，通常会将体育运动训练周期根据训练任务的不同分为不同的训练阶段，同时，这也要充分考虑比赛次数和层次等方面的要求，确保赛和练的安排得当。

一般来说，足球训练与比赛是相辅相成、密切相关的关系。根据不同运动员的运动水平的差异性，对于初学者和技术水平不高的运动队，所安排的比赛次数不能太多，而对于较高水平的运动队，可以适当多安排一些比赛，通过参加各种形式和规模的比赛来发现问题和解决问题。由此可见，训练与比赛结合是足球训练的一个十分重要的特征。

十一、集体与个人训练相结合

足球是一项集体性项目，在比赛中离不开每一名队员的配合。在具体的训练中,足球训练主要分为全队训练、小集体训练和个人训练等几种形式。无论是个人训练还是集体训练都是足球训练的重要组成部分,为进一步促进运动员竞技水平的提高,必须要将运动员的集体训练和个人训练结合起来进行。

在具体的足球训练中,要将全队训练与个人训练结合起来进行,如此才能有效提升整个团队的竞技实力,从而取得理想的训练和比赛效果。

第三节 我国校园足球后备人才培养的现状分析

一、校园足球后备人才培养现状分析

(一)学校在足球人才培养上存在局限性

学校也是足球人才培养的重要阵地之一,其优势在于能够培养学生对足球运动的兴趣,在一定程度上缓解学生训练和学习上的矛盾,但是在实际操作中,学校的足球人才培养也存在一定的局限性。首先,学校的体育教师并不是专业的足球教练,在足球技术水平和训练经验上都没有保障;其次,学校体育教师的工作重点在于体育教学,能够放在课后足球训练上的时间和精力都非常有限;再者,学校在培养目标、训练大纲、年龄衔接、评估指标、输送和竞赛体制方面都尚不完善;最后,学校的训练条件、训练经费、训练场地、训练器材等,一般都难以达到专业足球训练需要的水平。

(二)学校足球培训人员经验不足

由于足球运动是一项世界流行的运动,足球世界杯比赛在包括我国在内的世界上各个国家都具有很大影响力,以及体育市场化发展的深入,许多人开始将开办足球学校、进行足球培训作为一个商机,一窝蜂地涌入市场,盲目办学。与此同时,这些学校在足球培训人员的招聘上也显示出了其不专业性,一些低水平、不具备教练经验、没有经历过就业再教育的退役运动员成为教练员。这些不专业的运动员会导致足球教学质量差,培养出来的

足球学员水平低,无法成为国家的足球后备人才,这些青少年的最佳发展时机也被耽误。此外,这些培养学校的逐利本质决定其招生基本上朝"钱"看齐,只要有钱就能进行培训,从个人来说无可厚非,但是从国家人才培养上说,招生质量没有保障,很难为国家输送高质量的人才。

(三)不健康的足球文化

事物的发展离不开思想文化的指引,足球运动的发展也需要健康的足球文化的支持和引导,足球人才的培养作为促进足球运动发展的一部分亦是如此。就目前我国的足球运动发展来说,国内并没有形成健康的足球文化。在足球市场化发展的过程中,各方为了利益展开了不健康的竞争,比如一些地区为了本地区的队伍在大赛中获胜,会采用给予本队选手过于丰厚的物质奖励、收买对手、要求运动员打假球等,一些大赛上还会出现殴打裁判、双方球迷互殴等现象,这些行为是不健康的足球文化的外在表现。由于这种不健康的足球文化,许多人对足球运动形成了不好的印象,很多家长也因此会比较拒绝让自己的孩子去参加专业足球训练。这种不健康的足球文化可能在无形中让许多有天赋的青少年打消了成为足球运动员的兴趣,对我国的足球后备人才培养造成了非常不利的影响。

(四)学训之间长期存在矛盾

专业的体育训练和文化学习之间的矛盾,是长期以来我国运动人才培养过程中一直存在的、尚未解决的矛盾。就目前的足球培训来说,很多足球学校、足球俱乐部在将足球培训作为重中之重的同时,对学员的文化学习秉持着得过且过的态度,认为只需要将足球训练做好就万事大吉。在这种教育观点之下,很多进行足球训练的青少年都无法得到有质量的文化教育,这也导致很多家长不愿意将自己的孩子送去参加足球训练。

困扰很多家长的另一个原因是,国家取消了为退役之后的运动员安排工作的制度。一方面,青少年在不重视文化教育的足球训练中错过了最佳的文化学习时机;另一方面,运动员退役之后的保障被切断。这相当于需要家长冒更大的险,因此很多家长拒绝让自己的孩子参与足球培训。

针对体育训练和文化学习之间的矛盾,我国提出了"体教结合"的运动人才培养模式,这种模式在取得一定实施效果的同时,也依旧存在一定的问题。一方面,负责实施该培养模式的单位主要为教育单位,其工作的重点依旧会放在文化教育上,对体育培养有一定的轻视,而且无论是学校、家长还是社会,明显都更注重文化学习,这种教育现状就导致"体教结合"模式在短时间内很难得到有效实施并取得有效成果。另一方面,教育系统和体育系统之间也存在一定的矛盾,比如经费的分配、培养功劳的归属等,这些也会影响到"体教结合"模式的具体实施和培养效果的实现。

(五)国家队没有起到良好的示范作用

国家队基本上代表某个国家在某项体育运动项目上的最高水平,国家队的表现会在很大程度上影响国民对该运动的印象。而我国足球国家队的表现并不让人满意,一方面,在足球比赛中屡屡失利、无缘各大赛事,给人一种水平不高的印象;另一方面,用人、管理等方面出现负面新闻,让人对国足的评价降低。国家足球队频频让人失望的情况,导致很多人对我国的足球人才培养丧失信心,认为参加足球训练并没有前途,所以很多家长不愿意"冒险"送自己的孩子去参加足球训练。

(六)不同主体的利益追求对人才培养的冲击

体育社会化改革之后,足球人才培养的主体除了国家,许多市场主体也参与进来,比如各类足球培训学校、足球俱乐部等。而足球人才培养过程中的不同主体,有着不同的利益追求。就国家来说,其利益追求在于培养优秀的运动员代表国家在国际赛事上获得荣誉;就足球培训学校、足球俱乐部等来说,其利益追求在于从足球培训中或者足球人才身上获得最大的利益;就运动员本身来说,其利益追求在于获得个人利益的最大化。三者的利益追求并不是总能达成一致,而不同主体之间的利益冲突将会成为足球后备人才培养的严重阻碍之一。

(七)"近亲繁殖"培养模式存在弊端

目前我国最常见的足球人才培养模式为"近亲繁殖"模式,所谓"近亲繁殖"是指由一个优秀的教练员教徒弟,然后其徒弟再收徒弟的师徒培养模式。这种"近亲繁殖"的培养模式是一种封闭的培养模式,和其他人的交流不多,一方面会导致团体内部的"遗传病"越来越明显,另一方面不利于人才培训的交流,无法促进整个国家足球人才培养的发展。

(八)足球学员就业难问题打击青少年参与信心

根据数据显示,自从1994年职业联赛以来,我国优秀职业足球运动员的数量基本上控制在1000人以下,每年新吸收的人数大约在105人左右,这种现实导致很多参与足球训练的运动员最后可能根本无法成为专业的足球运动员。

很多培训单位在招收学员的时候,会利用就业承诺作为吸引学员的条件,比如承诺培养单位将会自己组队参加乙级联赛,或者承诺推荐、输送学员到全国各个甲级足球俱乐部等。但是由于我国联赛需要的足球运动员的数量有限,所以很多时候这种承诺根本无法兑现。一方面,学生会对这些培养单位产生信任危机;另一方面,只重视专业训练而忽视文化教育的培养现状导致足球训练的机会成本过高,学生不敢轻易冒险。

因此,足球学员的就业问题还是阻碍足球后备人才培养的主要问题之一,只有解决这种问题才能调动青少年参与足球训练的自信心和积极性,进而为我国提供丰富的足球后备人才。

二、校园足球后备人才训练现状分析

(一)基础训练不扎实

基础训练不扎实问题是目前普遍存在于我国青少年足球运动员训练中的问题之一。这种现象的出现和一些教练员的急功近利、目光短视,只在意眼前成绩的好看,不在于运动员的长远发展有着重大的关系。

足球运动是一项对运动员的身体素质,尤其是耐力素质和力量素质,以及运动员的技术水平要求都非常高的运动项目。但是在足球运动员的不同发展阶段,身体素质和运动技战术的优势会有不同的变化。比如在运动员年纪比较小的时候,运动员的身体素质将会成为赛场上的主要优势,身体素质更强的足球运动员往往能在比赛中获得更大的胜算;而当运动员的年纪稍大一些,也就是进入足球运动员的"黄金年龄"时,运动员的技术将会成为赛场上的主要优势,这个时候往往技术更强的运动员获胜的概率更大。

但是我国的一些足球运动员培养单位以及足球教练,在急功近利思想的影响下,往往想在最短的培训时间内从运动员的身上获得最大的收益。他们利用运动员早期身体素质能够在赛场上占据优势的规律,将对青少年足球运动员的培训重点放在身体素质的培训上,尤其注重发展青少年足球运动员的力量素质和耐力素质。短期看来,这样的培训方式能够让青少年足球运动员在赛场上获得优势,甚至能够战胜国外的一些足球强队。但是从长远的发展来看,后期足球运动员的身体素质不再占据优势,但是由于基础没有打好,足球技术也基本定型,这些足球运动员在后期的优势几乎荡然无存。

反观一些欧洲足球强国对青少年足球运动员的训练,基本上是在技术定型之前对运动员进行技术上的精雕细琢,而体能训练则是在遵循运动员的身体发展以及运动技术发展的规律的基础上循序渐进的开展。虽然在前期运动员的优势不是特别明显,但是因为打下了坚实的基础,运动员在后期的发展将会比较顺利,优势也会逐渐展现出来。

(二)训练科学含量低

随着科技的发展,越来越多的科学手段和科学工具被运用到体育训练中,科技的应用使训练更加科学、合理,训练的效率和质量也有大幅度的提高。但是就我国的校园足球训练来说,训练过程的科技含量还处于比较低的水平,这也是导致我国青少年足球运动员运动水平比较低的原因之一。

想要改变我国校园足球训练的现状,必须要积极适应现代社会的发展潮流,提高训练过程的科技含量,将科技手段和科学工具渗透到足球训练体制、训练结构、训练理论、训练方法等各个环节之中。

以运动训练负荷的制定为例,以前教练员主要是根据自己的经验、运动员的脉搏以及运动员的体表特征等来确定运动员的运动负荷,这样做有一定的合理性,但是误差难以确定,效果也没有一个科学的保障。而现在教练员可以借助各种先进的医疗检测仪器,比如血压仪、血红细胞分析仪等,对运动员的血样进行化验,然后获得科学的量化数据,并以此为依据安排运动员的训练负荷。

此外,科学技术在运动员伤病的诊断以及恢复治疗上也有非常重要的作用。在之前的运动训练中,由于没有先进的医疗设备,运动员受伤之后,往往只能根据队医或者教练的经验判断运动员的伤势状况,即使队医或者教练的经验丰富,也难免会有判断错误的情况。而一旦判断有误,运动员在没有得到合理治疗的情况下很有可能会伤势恶化,严重的情况下还可能会导致其运动生涯断送。而有了先进的医疗设备之后,能够对运动员的伤势做出及时的诊断,也能采取科学的恢复手段和恢复仪器帮助运动员快速恢复,能够把运动损伤造成的损失降到最低。

训练科学含量低的问题是目前困扰我国足球训练的主要问题之一,只有改变这种现状,将现代科学技术运用到校园足球训练之中,才能提高训练的效率和质量,为我国培养更多的优质足球后备人才。

(三)选材不合理

足球运动员的科学选材问题在我国还是薄弱环节,目前我国足球人才的主要选拔方式为,一些经验丰富的教练员根据自己的经验选择足球人才。这种方式的弊端在于,教练员的一些选材经验没有经过科学验证、选材没有定量指标,单凭主观经验进行选材一方面容易选到不合适的对象,另一方面也可能错过有天赋的人才。

现代足球运动员的选材应该在科学诊断和预测的基础上进行,通常采用多因素分析法进行最优化的选择,应该以足球运动最需要的指标作为主要参考条件,建立足球运动员选材的定量化模式,也可以进一步开发足球运动员选材的计算机指标软件,综合球员各方面身体素质、心智、心理素质进行选材。

以足球运动比较发达的英国为例,其选材有一套比较科学完整的模式。首先,英国的足球俱乐部中一般都会有一个叫做"球探"的职业,这些"球探"的任务就是在英国以及世界范围内寻找具有足球运动天赋的对象,他们会先根据这些对象在各种比赛中的表现做出一个大致的判断。其次,他们会对球探选定的对象进行一个身体素质的测试,测试的指标具有科学、定量的特点。再者,通过身体素质测试的对象将会再面临一个心理素质的测试。最后,通过身体素质和心理素质测试的人员还要再进行一个足球心智的测试,这个测试的目的是检验这些对象的"足球智商"。

无论是身体素质、心理素质还是足球智商,这些因素受到的先天影响都非常巨大,对于没有天赋的人来说,即使获得专业的后天训练也很难取得优秀的成绩。只有做好选材工作,对有天赋的人才进行专业的训练,才能将人才的天赋发挥到最大,培养出优秀的足球运动员。

三、对校园足球人才训练的建议

(一)培养校园足球人才的足球意识

足球意识能够帮助运动员更好地理解足球运动,加深其对足球运动规

第三章 校园足球后备人才的培养及其现状分析

律和技巧的认识,是足球运动员必备的职业技能之一。足球意识的培养主要应该从以下几方面入手。

1. 目的性

目的性是指运动员应该有意识地发挥每一个技术或者战术,使自己在赛场上的一举一动都为了取胜服务。在施展技术或者战术之前,运动员应该在脑海中做好规划,有的放矢,明白自己应该做什么动作以及为什么要做这个动作。

2. 行动的预见性

现代足球运动比赛的激烈程度和复杂程度已经到达相当高的水平,一方面对手的运动水平在不断提升,另一方面赛场上的形势瞬息万变,运动员必须具备高度的行动预见能力才能在比赛中取得优势。在对青少年足球运动员进行训练时,应该训练其观察能力、判断能力和反应能力,使其能够在较短的时间内对赛场上的变化做出判断并制定应对措施,运动员应该学会在状况发生之前为自己制定几种不同的应对方案,以备不时之需。

3. 判断的准确性

只有准确的判断才是有效的判断,准确判断的能力也是足球运动员的必要能力之一。准确的判断是有效发挥技战术的前提,为了使有目的性、有预见性的行动做到准确无误,就必须善于通观全局、扩大视野、眼观六路,加强对临场彼我双方情况的观察与判断。

4. 行动的灵活性

足球比赛瞬息万变,场上情况复杂,为了取得比赛的胜利,无论攻守都应力求灵活善变,运动员必须善于根据主客观情况的发展变化,灵活地运用和变换攻守的个人行动。

(二)提升学生对现代足球训练的认知

青少年足球运动员对足球运动训练的认知水平是影响足球训练效率和质量的重要因素,想要取得理想的训练效果,为国家培养优秀的足球人才,必须要引导青少年足球运动员建立正确的足球训练认知。

在足球训练中，首先要进行足球的思维训练，培养运动员在激烈的足球比赛中进行观察、判断以及决策的能力。对足球运动员进行思维训练可以采用局部抗干扰对抗训练的方式。例如，限定触球次数、用接应人、着不同颜色号码衣、运用标志物设定方格、在方格中进行对抗等，这些练习包含了足球比赛的要素，教练员便于控制，可以培养队员的位置感和随机应变的能力。

其次，足球训练应该讲究效率，只有在平时的训练中对运动员严格要求，提高运动员完成动作和技术的频率和质量，才能使运动员在真正的比赛中保持稳定的心态，获得稳定的发挥。

应该培养青少年对足球训练的正确认知，使其了解足球训练的任务、足球训练的内容、足球训练的方式、足球训练的特点等各个方面，帮助其更好地抓住足球运动训练的规律和技巧，取得理想的训练结果。

(三) 重视热身运动

热身运动是运动训练中必不可少的一个环节，它能够帮助唤醒运动员的身体，使各组织和各器官都进入运动准备状态，对于提升运动训练的效果、降低运动损伤的风险都有十分重要的意义。一般来说，热身运动应该包含以下三个步骤的内容。

1. 第一步骤

进行第一个步骤的热身运动的目的是将运动员的全身从安静的状态唤醒，提高运动员的体温以及心率，使其做好运动准备。该步骤的运动项目通常是慢跑，慢跑具有运动强度低、运动量小的特点，非常适合作为热身运动。一般持续慢跑 2~3 分钟即可。

2. 第二步骤

第二步骤的热身运动的目的是活动身体各个部位的关节和肌肉，重点锻炼部位为脊骨、臀部和双腿。该步骤中进行的伸展运动应该是动力性的伸展运动，其优势在于能够提高肌肉的活性，增强肌肉的收缩能力，能够有效锻炼到肌肉和关节，进而防止产生运动速损伤。第二步骤中的动力性伸展运动可以是一些跑动或者跳跃运动，一把练习时间在 10~15 分钟。

3. 第三步骤

第三步骤热身活动的目的是使运动员以较快的速度进入运动状态。在这个步骤中可以实施一些趣味性比较强的热身活动,比如结合足球的一些运动游戏等,一方面有助于激发运动员的训练兴趣,使运动员从心理上做好训练准备;另一方面还可以在热身的同时锻炼运动员的动作和技术。

第四章　校园足球后备人才体能训练的理论与方法

体能素质是足球运动员最重要的运动素质之一，尤其是在当今足球竞赛朝着越来越激烈的方向发展之后，体能素质在比赛中的重要性更加突出。而青少年时期的训练具有为足球运动员后续的发展打基础的作用，只有前期形成坚实的基础，才能在之后获得顺利的发展，因此对青少年足球人才进行科学合理的体能训练十分重要。

第一节　体能训练概述

体能训练是结合专项需要并通过合理负荷的动作练习，以改善运动员身体形态，提高有机体各器官系统机能的活动能力，充分发展运动素质，促进运动成绩提高的训练过程。

一、现代体能训练的结构分析

体能训练主要包含三个层级的内容，分别是基础体能训练、专项体能训练和综合体能训练。

基础体能训练是整个体能训练结构的基础，其训练内容比较全面，包含力量素质训练、速度素质训练、耐力素质训练、灵敏素质训练、协调素质训练等。基础体能训练是最先开始的训练，为后续的体能训练、技战术训练奠定基础。

专项体能训练是体能训练的核心，特点是将体能训练和运动专项或者一些行业（警察、军人等）的特点结合起来，重点发展运动专项或者职业需要的体能素质,具有较强的针对性和指向性。专项体能训练又包含两个方面的内容,分别是自身体能训练和抗干扰体能训练。自身体能训练是指只结合运动专项或者职业的需求开展的体能训练,比如篮球体能训练、足球体能训练等;而抗干扰体能训练是指在运动专项或者职业需要的基础上,再结合环境等干扰因素而进行的体能训练,比如针对高原环境进行的体能训练、针对雨雪天气进行的体能训练等。

综合体能训练是在基础体能训练和专项体能训练之后进行的一种体能训练,其特点是将体能训练与实战比赛或者行业工作相互渗透、合为一体,真正使体能训练达到熟练化、强化、内化的目的。综合体能训练是一项对体能素质要求比较高的训练方式,只有做好前两个阶段的体能训练才能达到参加综合体能训练的要求。

二、体能训练的作用

(一)促进身体健康

体能训练具有改善运动员身体健康状况的作用,而良好的身体健康状态是运动员进行运动训练和比赛的必要条件。首先,体能训练能够增强运动员心血管系统以及呼吸系统的功能;其次,体能训练能够改善运动员骨骼、肌肉、韧带、肌腱等各部位的状态,增强其活性,提高其健康水平;最后,体能训练还有助于提高运动员的代谢水平,使运动员的代谢能力增强,从而增强运动员的环境适应能力和免疫能力。

(二)发展竞技能力

竞技能力是指运动员参加竞技比赛所必需的能力,主要包含体能、技能、心理能力三个部分,具体内容如图 4-1 所示。体能是竞技能力的重要组成部分,主要包含力量素质、耐力素质、速度素质、协调素质、灵敏素质、柔韧素质等。只有促进各项体能素质协调发展,全面提高体能水平,运动员才能最大限度地发挥自己的运动潜能,取得优异的比赛成绩。体能训练的作用之一就是促进运动员体能水平的提高,使运动员具备更加高超的竞技能力。

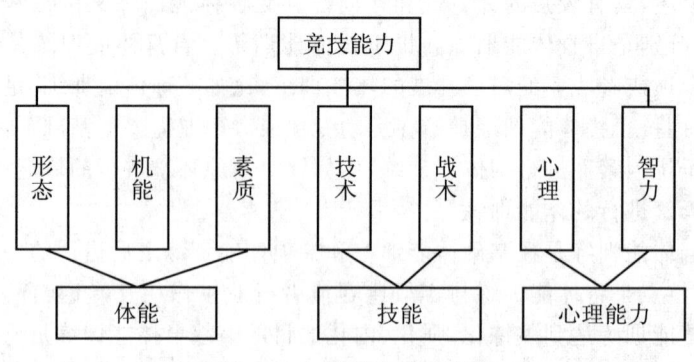

```
                    竞技能力
        ┌────┬────┬────┼────┬────┬────┐
       形态  机能  素质  技术  战术  心理  智力
        └────┬────┘    └──┬──┘    └──┬──┘
           体能           技能        心理能力
```

图 4-1　竞技能力的内容①

(三)增强机体的负荷适应能力

随着竞技运动发展的深入,现代竞技比赛的激烈程度和复杂程度不断提升,相应地,对包括体能在内的各项竞技能力的要求也越来越高。这也就意味着,运动员必须通过体能训练不断增强机体的负荷适应能力,提高各项体能素质,才能在竞技比赛中占据优势。

体能训练是一个循序渐进的过程,运动员承担的运动负荷遵循着由小及大的规律不断增加,而运动员的机体在这个过程中会发生一种生物适应现象,即机体功能随着运动负荷的加大而增强,继而更好地适应运动负荷。在合理的范围之内,对运动员机体施加的运动负荷越大,运动员机体产生的反应越激烈,机体功能的增强也就越明显。

科学的体能训练能够在生物适应现象原理的指导之下,逐渐增加运动员的体能训练负荷,促使运动员的机体功能不断发生变化,增强运动员的机体负荷适应能力,为运动员各项体能素质以及运动技能的提升奠定基础。

(四)促进专项竞技水平的提高

体能训练的内在逻辑在于它是一环接一环的,前一阶段的练习是后一阶段的基础,同时体能训练和其他竞技能力的发展也具有紧密的练习。

体能训练的第一个环节是基础体能训练,也被称为一般体能训练,目的是发展一般运动所需要的体能素质。基础体能训练达到一定成果之后,将

---

① 康利则,马海涛. 体能训练理论与方法[M]. 西安:陕西人民出版社,2010.

会开展专项体能训练,目的是结合专项运动的特点和需求发展专项运动所需要的各项体能素质。一般体能训练是专项体能训练的基础,只有通过一般体能训练使运动员具备一般运动的体能素质以及适应一定的训练负荷,才能更好地开展专项体能训练。而体能训练和其他竞技能力发展之间也有着紧密的联系,体能素质为运动员运动技能和心理能力的发展奠定了基础,不进行体能训练而直接进行运动技能和运动心理训练是不符合竞技能力发展的规律的。体能训练是运动员专项竞技能力发展的首要条件,只有通过体能训练提高运动员的各项体能素质,才能为后续的运动技能、心理能力发展奠定基础,全面提高运动员的专项竞技水平。

第二节 影响人体体能素质发展的因素

一、先天因素

先天因素主要指的是遗传因素,它是构成机体潜在特征的要素,在个体的生长发育中起着肯定性的作用。遗传因素能够从体型、长相、性格、智商、疾病等各个方面影响到人的生长,因而也是影响人的体能发展的重要因素。以智商为例,曾经有科学家对245位被收养者进行长达7年的研究,并发现一个现象:有些被收养者即使被智商很高的养父母收养,但是其最终的智力水平还是和其亲生父母的智商相近,养父母智商水平对其的影响一般只在3~4岁之前有效,之后就是遗传因素在起主导作用。

但是先天因素并不是影响人的发展的决定性因素,遗传程度在一定程度上会受到环境的影响,遗传变异也是非常常见的事情。以人的体形为例,在良好的物质环境下生长的子女,其身高一般会超过父母。相应地,如果子女处在恶劣的生长环境之下,父母遗传的各种优质因素也可能无法发挥出来,子女朝着退步的方向发展。

因此,尽管先天遗传因素是影响青少年足球人才体能发展的重要因素,但是只要为其创造一个良好运动训练环境,后天的影响同样能促进其各项体能素质的良好发展。

二、后天因素

(一)环境因素

1. 自然环境因素

自然环境因素是指自然界中的各种介质,比如空气、水、土壤、阳光等,这些和人类的生产生活息息相关,是人类进行生命活动的物质基础。

自然环境能够从多个方面影响人的生长发展,比如生活在热带的人和生活在寒带的人相比,具有发育时间早、发育速度快、寿命较短等特点。再以儿童为例,春季儿童的发育以身高增长为主,而秋季儿童的体重增长比较快。一般来说,环境优美、气候适宜的自然环境能够从身心两方面利于人的生长发展,使人心情愉悦、内分泌协调、精力充沛。但当外界环境受废气、废水、粉尘、噪声和振动等公害污染,或气候的酷暑严寒、空气湿度、温度、气流、气压的突变,环境刺激超过机体的适应能力时,机体与外界环境之间的平衡被破坏,人体健康就会受到影响,将会出现病理状态。

2. 社会环境因素

社会环境因素主要包含两个方面的内容,其一为社会组织结构,即家庭、工作单位、医疗保健设施以及其他社会集团;其二为社会意识结构,即政治思想、道德观念、风俗习惯、文化生活以及政策法令等。这些因素都有可能从不同的方面对人的生长发展产生有益或者有害的影响。

青少年足球运动员接触的社会环境主要为家庭环境和运动队的环境。就家庭环境来说,家庭环境对人产生的影响是最直接、最深远的,家庭结构、家庭经济条件、父母的文化水平、父母以及父母和子女之间的关系、父母的性格等因素都会对青少年产生一定的影响。一般来说,生长在家庭关系和谐、父母开明民主的家庭环境中的青少年,一般会更加自信、有安全感;而生长在缺少关爱和温暖的家庭环境中的青少年一般性格会比较独立但是相对内向孤僻。

就运动队的环境来说,运动队的经济条件、教练的能力水平、教练的训练风格、队友之间的关系等,都会影响到青少年足球运动员的发展。以教练的能力水平为例,能力较高的教练员能够以身作则,让运动员感受到足球运动的魅力,最重要的是能够以科学的训练方法和训练手段对运动员进行专业的指导,提高运动员的竞技能力水平。

(二)心理因素

心理因素也是影响人的生长发展的重要因素,人的心理可以通过其外在形态以及外在行为表现出来。积极的心理状态会让人精神焕发,行动力增强,对于体能训练具有积极的推动作用;而消极的心理状态会让人精神萎靡,行动力减弱,严重的状况下还有可能发展成各种疾病或者导致人们产生自残、自杀等行为,不利于体能训练的开展。

关于心理健康的评价标准,主要包含以下几个方面的内容:

(1)正确的思维方式。思维方式能够影响到人的心理状态,采用哪种思维方式一般就能形成相应的心理,因此思维方式是心理健康评价的第一指标。

(2)较强的现实适应能力。适应能力包含生理适应能力和心理适应能力两种,生理适应可以在一定理论的指导下达成,但是心理适应目前尚未有较好的解决办法。

(3)健康的人际关系。人际关系也是评价人的心理状态的重要标准之一,拥有健康心理状态的人应该能和别人和睦相处。

(4)正确的自我定位。处于健康的心理状态的人应该能够充分了解自己,知道自己的缺点和长处,正确评价自己,找准自己的定位。

(5)稳定的情绪和心理。情绪起伏变化比较小,很少处于极端的心理状态。

(6)能够适应团体生活。无论是在家庭、班级、训练队还是其他的团体之中,都能很好适应团体的生活。

(7)稳定的社会环境。稳定的社会环境也是形成健康的心理状态的重要因素之一,减少外界的刺激能够使人处于比较稳定、良好的心理状态。

(三)营养因素

营养是人生长发育的基础,是增强体质、提高健康水平的必要条件。人体所必须的营养包括糖类、脂肪、蛋白质、维生素、矿物质和微量元素几大类,必须要保证合理摄入每种营养元素才能促进人的健康发展。其中,由于人们对维生素和微量元素的了解比较少,因此要尤其注意这两种营养物质的摄入。

维生素是维持人体生命和正常功能必不可少的营养素,一旦供给量不足,人体正常的代谢和生理功能就会受到影响,严重的情况下还会患上维生素缺乏症。比如维生素 D 能够促进人体钙的吸收,对人的骨骼生长具有重要作用,一旦摄入量不足就容易导致佝偻症、软骨症等病症;而维生素 A 对维持人的正常视力具有重要作用,一旦缺乏就容易导致干眼病、夜盲症等病症。微量元素也和人的发展有着紧密的联系,比如铁元素就是构成人体红细胞以及一些代谢酶的重要成分,体内铁元素的缺乏可能会导致人患上缺铁性贫血等病症。

此外,影响青少年足球人才体能发展的因素还包括生活方式因素、体育锻炼因素、卫生保健设施因素等,这些因素也同样会对足球运动员的各项体能素质发展产生重要影响。体能水平的提高是各方面综合努力的结果,应该以上述影响因素为切入点,做好各方面的保障工作,以求实现理想的体能训练效果。

第三节 体能训练的生理学基础

一、生长发育特征

人体生长发育是长期的过程,是连续不断的过程,是从量变到质变的过程,也是按一定规律变化发展的过程。足球后备人才以青少年儿童为主,他们的生长发育呈现出如下特征。

(一)连续性

人是按一定的顺序和规律生长发育的,在完整的生长发育过程中会经历几个不同的阶段,各个生长发育阶段有先后顺序,不能跨阶段发展。而且前面阶段的生长发育情况会影响后面阶段的生长发育。前一阶段生长发育得好,就能够为后面阶段的生长奠定良好的基础,而如果前一阶段发育异常,后面阶段的发育也会受到制约。人体生长发育规律如图 4-2 所示。

图 4-2　生长速度曲线[①]

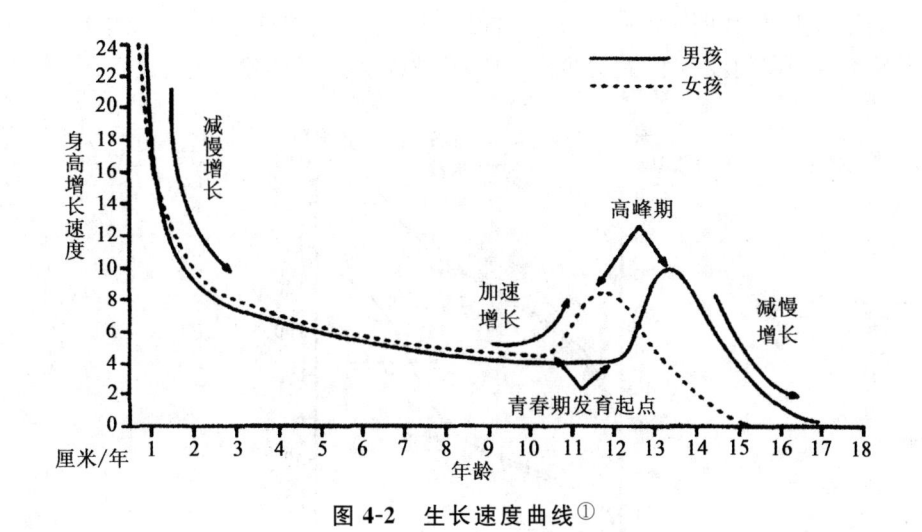

(二) 顺序性

生长发育既包括局部的发育,也包括整体的发育,不同部位的发育有先后顺序,人体长度、宽度和围度的发育也是有先有后的,一般身高和四肢长度先发展,身高的发展也比体重的发展要早。

(三) 不均衡性

并不是说随着年龄的增加,人的生长发育速度持续提升,从图 4-2 来看,人的生长发育图不是直线上升的,而是有波浪的、不断变化的,有时发展快,有时发展慢,呈现出非均衡性。正因如此,人体各个器官的发展可能在这个阶段快一些,而另一个阶段慢一些,这个阶段可能某方面的器官发展快一些,而其他器官发展慢一些,到了其他阶段就可能之前发展慢的器官会快速发展,而之前发展快的器官发展速度减慢。

(四) 差异性

这里的差异性主要是指男生和女生生长发育的差异,是性别层面的差异。男女各项生理指标在不同阶段的发育速度可能不同,从最简单的身高

---

① 陈亚中. 青少年足球科学训练探索[M]. 北京:北京体育大学出版社,2007.

和体重来看,如图4-3所示,男女出现快速增长期的时间是女生早,男生晚,从突增曲线的波峰来看,男生高一些,从波幅来看,男生窄一些。

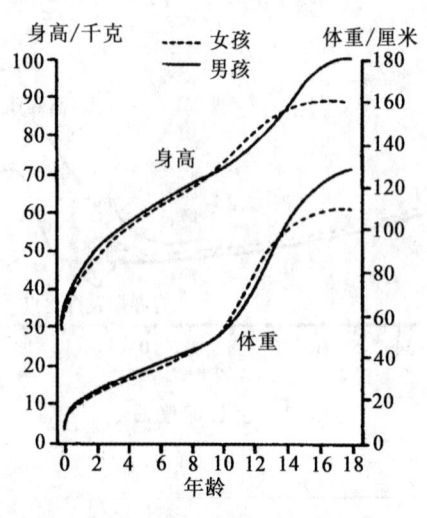

图4-3 身高、体重生长曲线①

(五)其他特征

足球后备人才身体系统的发育也是有规律的,如图4-4所示。这是正常情况下的发育规律,如果出现营养不良、患病、代谢失常等问题,那么正常的生长发育就会受到阻碍,导致发育迟缓并停止发育,如果能克服各种阻碍因素,在恢复正常生理状态后快速生长发育,和同龄人保持相同的发育速度及水平,那么基本不会影响之后的成长。不同发育阶段有一些组织器官会快速发育,这被称为关键发育期,我们要掌握各个组织器官和机体系统的生长发育规律,了解各自发育的关键期,并抓住关键期,在关键期重点发展相应机能,以免错过最佳时机,而一旦错过,之后要再想发育就有难度了,可能造成发育障碍。

先天遗传和后天环境都会影响足球后备人才的生长发育,生长发育既有可能性,也有现实性,好的遗传为后备人才良好的生长发育提供了可能性,而真正发展成什么样主要由后天环境所决定。后备人才的生长发育也受到自身心理行为的影响,发过来,生理发育也会影响心理行为,人的身心发展是相互影响的。

---

① 陈亚中.青少年足球科学训练探索[M].北京:北京体育大学出版社,2007.

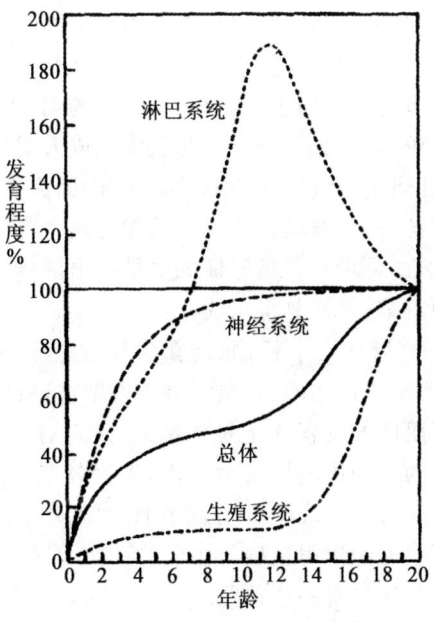

图 4-4　身体系统发育规律[①]

虽然人体生长发育有自身的规律与特点,但是因为遗传因素和环境因素都会影响生长发育,所以不同足球后备人才的生长发育也是存在差异性的,即使是相同性别和相同年龄的足球后备人才,也会因为先天和后天因素的影响而在身体形态、身体机能及运动素质的生长发育中显示出差别。因此,研究足球后备人才的生长发育,既要发现一般规律,也要分析不同个体之间的差异及造成差异的主要原因。了解足球后备人才的生长发育特征,能够为体质测评提供理论依据,为运动选材和专业培养提供理论参考。

二、运动器官发育特征

成年人骨组织中有机物、水分所占的比例和无机盐所占的比例为 3∶7。而少儿骨组织中这个比例是 5∶5,可见少儿骨组织中无机盐含量少,含量多的是有机物和水分,而且少儿多为软骨组织,有很好的弹性和韧性,发生骨折的概率低,但是少儿骨组织不够坚固,不像成人一样承受很大的压力和张力,如果外力刺激强,而且持续作用较长时间,那么少儿的骨组织很容易变形。

少儿不同关节处的关节面存在很大的差异,关节面有比较厚的软骨,关节附近韧带可以较为灵活地伸展,关节周围有薄弱、细长的肌肉。因为这些

---

① 陈亚中.青少年足球科学训练探索[M].北京:北京体育大学出版社,2007.

特殊性,少儿关节更灵活,更柔韧,但是关节不够稳固和牢固,在足球训练中如果不恰当用力,容易导致关节受伤。

少儿肌肉中含有比较多的水分,但只有较少的无机盐和收缩蛋白,再加上肌纤维之间有比较多的间质,所以少儿肌肉比成人柔软,肌肉横断面积比成人小,这也是少儿肌肉力量较弱的原因。此外,因为少儿肌肉中只储备了较少的肌糖原等能源物质,神经调节肌肉的能力较少,因此缺乏良好的肌肉耐力和肌肉协调性,这是少儿在足球训练中早早出现疲劳症状的主要原因,少儿运动疲劳出现得早,但恢复得也快。

人体肌肉随年龄增加而生长,肌肉在生长过程中,水分所占的比例降低,无机盐和蛋白质所占比例增加,肌纤维粗度增加,肌肉力量也不断提升,少儿不同身体部位肌肉的发育并不是均衡的,发育有早有晚,有快有慢,发育较早且发展较快的是身体浅层的大肌肉,发育较晚且发展较慢的是深层的一些小肌肉。少儿神经系统支配与调节肌肉活动的能力还不够强,所以在足球训练中还不容易做出很精确与协调的动作,身体平衡的控制力、肌肉运动能力和成年人相比也有一些差距。

三、有氧和无氧运动能力发展特征

足球后备人才身体各器官机能的基础能量代谢能力尤其是呼吸系统、心血管系统的形态结构、功能等直接决定了其有氧和无氧运动能力。

生长发育过程中的足球后备人才进行足球训练时,由于心脏的工作负荷加大,致使心率增加,血流量增大,全身血液循环得到改善,同时使心肌发达、心室壁增厚,心脏体积增大。参加训练1年以上的14～17岁运动员,心脏体积增大,具体表现为心脏的横径、宽径和纵径都比同龄人大。由于心肌发达,心脏收缩力量增强,心脏每搏输出量也随之增大。在运动过程中,尽管有训练的足球后备人才与同龄人的心脏每分输出量基本相同,但每搏输出量却远比同龄人大。这说明,有训练的后备人才主要靠增加每搏量来加大心输出量,而同龄人主要靠增加心搏频率来加大心输出量。

通过运动训练,后备人才呼吸系统的发育水平得以提高,主要表现在呼吸肌发达、胸围增大、呼吸差增加、呼吸深度及肺活量增大,以及安静时呼吸频率相应地减慢。足球后备人才由于呼吸系统、心脏血管系统的机能水平较高,最大吸氧量也比同龄人大,这使得他们在剧烈运动中的工作能力比同龄人要强,能承受较大强度的运动训练。[①]

[①] 陈亚中.青少年足球科学训练探索[M].北京:北京体育大学出版社,2007.

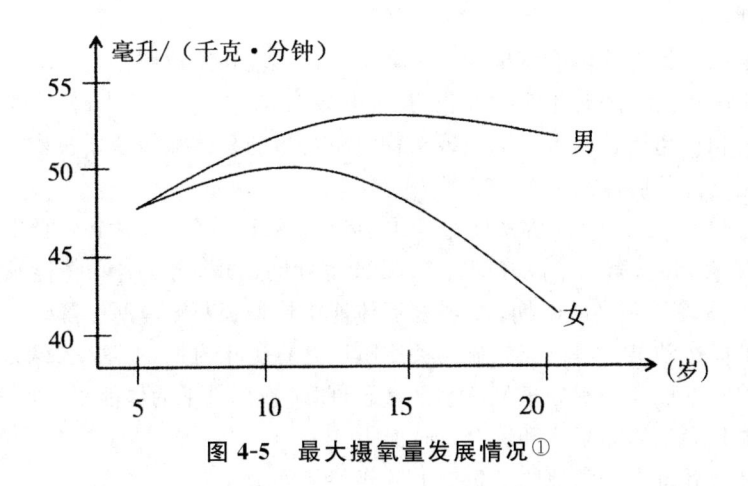

第四章　校园足球后备人才体能训练的理论与方法

图 4-5　最大摄氧量发展情况①

无氧活动能力是指在较短时间内进行高强度运动的能力。足球后备人才的无氧活动能力低于成年人。随着机体发育的不断成熟,无氧活动能力提高,而且主动进行无氧运动,也可通过提高机体雄性激素水平、ATP 与 CP 和糖原的含量以及最大血乳酸水平等增强机体无氧活动能力。

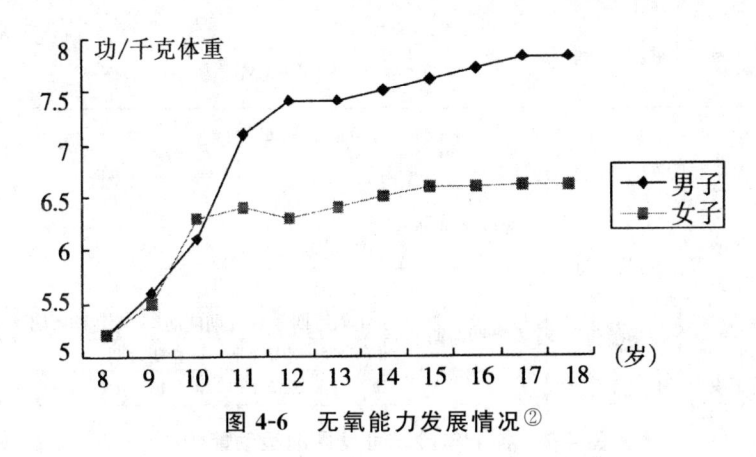

图 4-6　无氧能力发展情况②

四、体能素质发展特征

足球后备人才体能素质发展具有阶段性,具体表现为周期阶段性与年龄阶段性。后备人才自身发展规律因素与训练因素共同影响其体能发展的

---

① 刘丹,赵刚.青少年足球训练纲要与教法指导[M].北京:人民体育出版社,2011.
② 同上.

阶段性。

　　足球后备人才体能发展过程中会出现自然增长阶段和稳定阶段。自然增长阶段指的是随着年龄的增长,体能素质逐渐增长。自然增长阶段有缓慢增长和快速增长两个不同表现。稳定阶段指的是体能缓慢增长或不再增长甚至下降的阶段。

　　通常,女子体能自然发展过程中会出现两个波峰,第一个波峰出现在11~14岁期间,第二个波峰则在19~25岁期间出现;男子各项体能素质在19~20岁发展到高峰时期,23岁之后体能缓慢增长甚至有所下降。

　　足球运动员发展体能素质的关键阶段是青少年时期,在这一时期,各体能素质的发展几乎都处于最高水平状态,此时进行科学的体能素质训练,有助于提升专项体能素质和综合竞技能力。①

　　足球后备人才竞技能力发展的顺序特征如图4-7示。

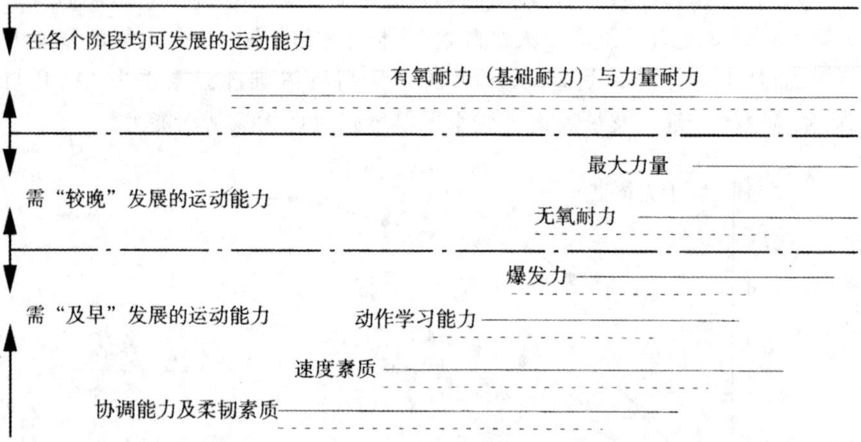

男 ♂	学龄前			少年期前期			少年期后期		青春期前期		青春期后期		
女 ♀							少年期后期		青春期前期		青春期后期		
年龄（岁）	4	5	6	7	8	9	10	11	12	13	14	15	16	17	18	19

图4-7　各个年龄段可发展的运动能力②

　　以力量素质为例来简单分析,可以通过最大力量、绝对力量来测量力量素质。青少年时期男子的力量水平与性成熟年龄密切相关,而女性则与成熟年龄中度相关。力量素质测试中握力是常用指标,对儿童青少年握力进行测量可以了解其力量发展情况,发现力量素质增长规律,如图4-8所示。

---

①　刘丹,赵刚.青少年足球训练纲要与教法指导[M].北京:人民体育出版社,2011.
②　同上.

第四章 校园足球后备人才体能训练的理论与方法

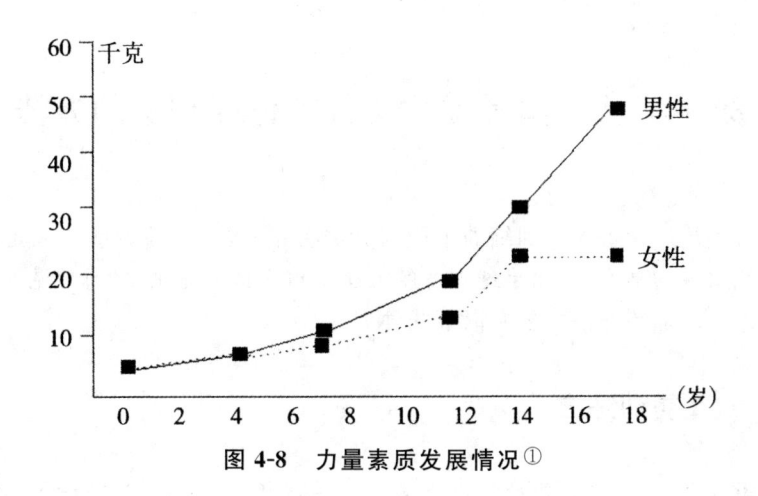

图 4-8 力量素质发展情况①

了解足球后备人才的身体特征后,可以对不同年龄段的后备人才进行针对性训练,训练安排可参考图 4-9。需要注意的是,上面只是分析了足球后备人才身体的一般发展规律与特征,并不代表所有后备人才都是按统一的标准和已有的规律而成长的,不同后备人才之间也有差异,因此即使对同一年龄段的后备人才进行训练,也要注意区别对待,考虑每个个体的实际情况,从后备人才的综合情况出发而实施训练与培养,使每个后备人才的潜力都能被充分挖掘,最终培养出优秀的足球运动员。

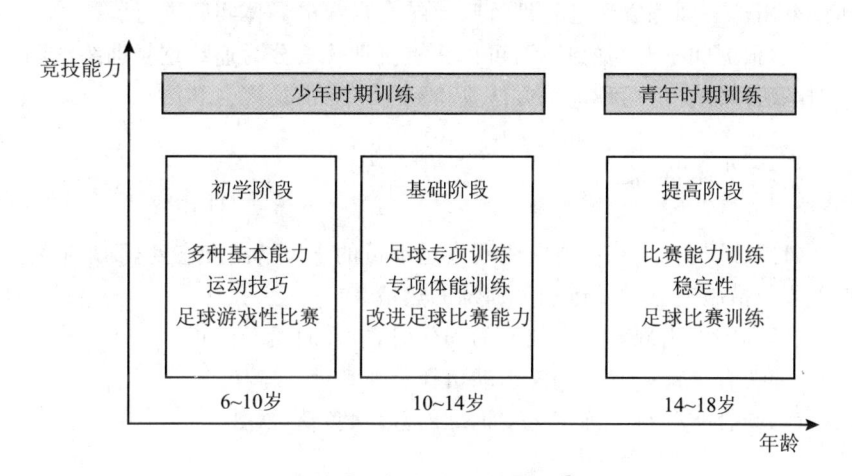

图 4-9 竞技能力发展图②

---

① 刘丹,赵刚. 青少年足球训练纲要与教法指导[M]. 北京:人民体育出版社,2011.
② 同上.

第四节　校园足球后备人才体能训练的方法

可供足球后备人才训练的手段与方法有很多,伴随着近些年来足球运动训练水平的高度发展,足球训练的方法也越来越多样化,目前常见的足球后备人才的训练方法主要有以下几种。

一、重复训练法

重复训练法,就是指反复进行某一训练内容的练习,通过持续不断地练习而掌握巩固与提高运动技术的训练方法。在当今足球训练中,这一方法得到了广泛的利用。

(一)基本类型

(1)依据训练时间,可将其分为短时间重复训练方法(不足30秒)、中时间重复训练方法(0.5~2分钟)、长时间重复训练方法(2~5分钟)三种。运动员采用这一训练方法进行训练时要结合自身的具体实际进行。

(2)根据间歇时间的长短,可以将重复训练法分为连续重复训练法和间歇训练法两种。这两种训练方法都得到了广泛的推广与利用。

(二)基本要求

(1)教练员在训练中要时刻观察运动员的学习情绪和态度,要采取各种事手段与措施充分激发运动员训练的热情。
(2)训练中出现错误技战术的动作时,应及时给予纠正。
(3)要合理地控制与调整运动负荷。
(4)结合实际科学确定运动训练的数量、负荷、次数。

二、持续训练法

持续训练法,指需要一定的运动负荷强度,负荷时间较长,无间断地连续进行练习的训练方法。

第四章　校园足球后备人才体能训练的理论与方法

(一)基本类型

(1)根据训练时间的长短可以将持续训练法分为短时间持续训练法、中时间持续训练法和长时间持续训练法三种。在足球训练中,大多数情况下主要采用中长时间结合训练法的方式。

(2)根据足球训练的节奏,可以将持续训练法分为变速持续训练法、匀速持续训练法两种。

(二)基本要求

(1)运用持续训练法时,首先要制定一个科学、合理的训练计划,科学安排间歇,确保训练的持续性。

(2)注重运动员对具体的技术动作的稳定性的提高,在此基础上坚持长期的训练。

三、循环训练法

循环训练法,是指对训练内容进行训练任务的划分,依次完成各个训练任务,各训练任务不断循环重复完成的训练方法。这一训练方法在足球训练中也得到了广泛的利用。

(一)基本类型

(1)根据运动负荷的基本特征,循环训练法主要有循环重复训练法、循环间歇训练法和循环持续训练法三种类型。

(2)根据训练的组织形式,循环训练法主要有流水式循环训练法、轮换式循环训练法、分配式循环训练法三种类型。

(二)基本要求

(1)运动员在足球训练的过程中,要根据阶段训练任务的变更及时调整或变换训练方法,以适应运动员身体及技术发展的需要。

(2)一般情况下,循环训练任务应随着训练过程的进行逐渐增多,但循环的过程也不一宜过多,应保持在一个合理的范围内。

四、完整训练法

完整训练法是指训练从头至尾进行完整的训练,有助于运动训练者流畅地掌握运动训练内容与方式方法。

完整训练法也常用于运动员的足球训练中,运用这一训练法时需要注意以下几点。

(1)对于复杂技术动作的学习与训练,运动员要首先打下良好的技能基础,如此才能起到事半功倍的效果。

(2)运动员在训练中出现错误的技术动作时,教练员要及时给予纠正。

五、分解训练法

分解训练法是与完整训练相对的一种训练方法,这一训练方法是指将运动训练内容分阶段、分步骤完成的运动训练。一般情况下,分解训练可细分为单纯分解训练法、递进分解训练法、顺进分解训练法、逆进分解训练法等。

在足球训练中,应用分解训练法时应注意以下几点。

(1)对技术动作进行分解时,注意不要切断各项技术动作之间的必然联系。

(2)运动员在熟悉各个技术环节后再进行完整技术的训练,这样才能促进训练水平的提升。

六、间歇训练法

间歇训练是通过对训练时间的严格规定,来通过训练内容与训练时间的有机结合与搭配实施的练习。一般来说,间歇训练法主要有练习数量、负荷强度、重复次数(组)、间歇时间和休息方式等几种方式。

在足球训练中,应用间歇训练法时应注意以下几点。

(1)根据超量负荷的原理合理地安排整个训练过程。

(2)间歇时间一定要合理,依据运动员的实际合理的安排。

(3)在训练中依据运动员训练水平合理地调整运动负荷。

(4)切忌在机体尚未完全恢复时参与下一次的训练。

七、变换训练法

变换训练法是通过变换不同的训练要素来提高运动训练者的积极性与主动性的训练方法。变换训练内容、变换训练方式、变换训练负荷等都是其中重要的内容。

在足球训练中,应用变换训练法应注意以下几点。

(1)通过训练中的各种条件"变换",使运动员对训练产生新鲜感,激发训练的兴趣。

(2)运动员在训练的过程中要及时不断地变换训练要素,维持良好的竞技水平。

八、竞赛训练法

竞赛训练法,就是运动员在正式比赛的条件和要求下进行体育运动训练所用到的一种训练方法。一般来说,竞赛训练法不仅能有效检验平时的训练效果,还能使运动员创造性地运用知识、技术和战术的能力以及提升身体素质,除此之外,还能很好地提升运动员的应变能力和实战能力。

运用竞赛训练法进行训练,运动员之间还能相互交流经验,提升自身的技战术水平。竞赛训练法在运动员心理承受能力的提升,坚强意志品质的培养方面也发挥着非常重要的作用。

为保证竞赛训练法应用的科学性,应重点注意以下几个方面的要求。

(1)要采用适宜的运动负荷。采用竞赛训练法进足球训练,能在一定程度上激发运动员的训练兴趣,提高训练的质量。因此,在采用竞赛训练法进行足球训练时,就要求以专项训练的需要为主要依据,来针对性地选择适合运动员特点的竞赛内容和形式,同时还要注意安排适宜的运动负荷。

(2)运用时机要合理。在训练的过程中,教练员要积极地引导运动员进行训练,要在训练中不断提高运动员的自我控制能力,培养其优良的体育作风。需要注意的是,竞赛训练法不是任何时候都适用的,比如,在运动技能尚未形成之前和疲劳时就不能采用竞赛训练法,这样会对运动员的现有技术造成不良影响。因此一定要把握好运用的时机,科学地训练。

九、游戏训练法

游戏训练法,就是运动员主要以游戏的形式来进行体育运动训练的一种训练方法。一般来说,游戏性训练能有效提高运动员训练的兴奋性,激发运动员训练的兴趣,同时,能够营造出轻松、预约的训练氛围,这些对于运动员训练的开展以及理想训练效果的取得都是非常有帮助的。最后需要强调的一点是,游戏训练法在确定运动量时,切忌盲目性,一定要以运动员的自身特点和实际情况来确定。

十、综合训练法

综合训练法,指的就是以既定的训练目的、训练任务为主要依据,综合运用上述几种训练方法,从而更灵活地调节运动负荷,取得更好训练效果所用到的训练方法。

运用综合训练法进行足球时,一定要以运动员的实际情况和特点为依据,结合明确的训练任务来组合运用相应的训练方法。通过各种不同训练方法的组合,能满足不同水平运动员的竞技需要,促进运动员竞技水平的有效提升。

第五章　校园足球后备人才基础与专项体能素质的培养

校园足球后备人才不仅要注重基础体能素质的培养,其专项体能素质的培养更有针对性、更重要。为此,本章主要就校园足球后备人才基础与专项体能素质的培养展开研究。

第一节　校园足球后备人才的基础体能素质培养

一、力量素质训练方法与指导

(一)侧卧推举

1. 动作要领

(1)身体平躺在健身器材的躺板上,头部靠近健身器材的杠柄,肩部与杠柄垂直。

(2)双脚自然置于地面,两臂弯屈,两手握住健身器材的杠柄。

(3)做推举动作时,两只手肘向内合并,两臂用力将器械向上推举,直到双臂伸直方可结束动作。

(4)达到双臂伸直的程度之后屈臂将健身器材恢复到开始时的位置,整个过程记为一次侧卧推举。

2. 注意事项

(1)注意根据自己的实际状况,循序渐进地加大训练负荷。
(2)推举时两臂必须要完全伸直才算动作合格。
(3)臀部必须始终放在躺板上。

(二)深蹲起立

1. 动作要领

(1)准备姿势。双脚分开站立,两脚之间的距离和肩膀的宽度一致;双眼平视前方;双臂自然垂放在身体的两侧。
(2)下蹲动作。上体始终保持正直的状态,双腿做下蹲动作,下蹲的程度要达到大腿和小腿之间形成的夹角小于直角。
(3)起立动作。双腿恢复到伸直状态,双臂自然下垂置于体侧,即重新变回开始时的准备姿势。

2. 练习方法

(1)负重半蹲起立。身体在负重的情况下做半蹲起立动作,蹲下时大腿和小腿之间形成的夹角的角度为90°～120°。
(2)负重深蹲。将重物放置在颈后肩上,上半身始终保持挺直的状态不变,双腿做深蹲动作,蹲下时大腿和小腿之间形成的夹角的角度要小于90°。
(3)借助高台连续跳。可借助高台或者楼梯进行单脚交叉或者双脚的连续跳跃,跳跃过程中腿需充分的蹬伸。

(三)俯卧背起

1. 动作要领

(1)准备姿势。身体呈俯卧姿势,双腿并拢且伸直,在双脚或者踝关节处借助外力帮助其固定,双手放置在脑后或者胸前,两手手指交叉固定。
(2)练习动作。充分发挥腰部和上半身的力量将上半身抬起并尽力后仰,达到极限之后恢复到开始时的姿势。

第五章 校园足球后备人才基础与专项体能素质的培养

2. 练习方法

(1)"两头起"。不再借助外力将下半身固定住,练习者同时抬起身体的两端,使身体的两端都往反方向做折叠动作。动作的幅度不必太大,但是频率要快。

(2)"负重鞠躬"。双脚分开站立,两脚之间的距离稍微大于肩宽;双手合并同时手指相互交叉,以抱头的姿势置于脑后;双腿和双手保持该姿势不变,同时负重做鞠躬动作,要求尽量做到 90°鞠躬。

(3)"悬空背起"。身体俯卧在某种器械或者工具上,使上半身处于悬空状态,然后做仰卧背起动作,可以通过负重等方式增加训练的难度。

二、速度素质训练方法与指导

(一)长距离间歇跑

1. 练习距离

根据自己的体能素质和发展需要具体制定,一次练习的距离可以是 150 米、200 米、400 米、500 米等任意距离。

2. 练习组数

一组包含 2~3 次练习,根据自己的具体状况确定练习组数。

(二)短距离间歇跑

1. 练习距离

60 米、80 米、100 米任选。

2. 练习强度

按照 60 米、80 米、100 米的练习距离,练习强度依次是个人能够承担的最大负荷量的 95%、90%、85%。

3. 间歇时间

两次练习之间的间歇时间为 90 秒,两组练习之间的间歇时间为 5 分钟。

(三)长、短距离相结合的间歇跑

例如,进行(300 米+100 米)×3 组的练习,每个 300 米结束之后,休息 30 秒,然后全速跑 100 米,两组练习之间的间歇时间为 6 分钟。

(四)各种距离的反复跑

设置合适的间歇时间,根据自己的需要决定是否让机体充分恢复,然后进行重复练习。例如,①60 米×3+80 米×2+100 米+80 米×2+60 米×3;②150 米×3+200 米×2+300 米×2。

(五)各种距离相结合的变速跑

变速跑最开始的练习以完成规定的练习量为主,之后可以加大某一段快跑的距离,练习者达到一定水平之后还可以对所有的快跑阶段都提出更高的要求。

例如,①300 米快跑+200 米慢跑+200 米快跑+150 米慢跑+150 米快跑+100 米快跑+100 米慢跑+100 米快跑+150 米慢跑,建议每次进行 2~3 组练习,两组练习之间的间歇时间为 8~10 分钟;②200 米快跑+200 米慢跑+150 米快跑+150 米慢跑+100 米快跑+100 米慢跑+100 米快跑,建议每次进行 2~3 组练习,两组练习之间的间歇时间为 6~10 分钟。

(六)越野跑

可以将练习的地点设置在野外,还可以利用速度游戏的方式进行练习,如"加速跑—变速跑—放松跑"组合练习。越野跑能够增加练习的趣味性和灵活性,激发训练热情。其中,加速跑的练习强度为个人最大负荷承担能力的 80%~90%,练习距离为 20~50 米,还应该适当缩短慢跑的距离,以保证练习效果。

三、耐力素质训练方法与指导

(一)发展肌肉耐力

1. 立卧撑

(1)动作要求。身体呈站直状态,双手自然下垂在身体两侧;做下蹲动作,同时用双手撑地;双手始终撑地,双腿向后伸直,身体变成俯卧姿势;收回双腿,恢复成蹲姿,双手依旧撑地;站起直立,恢复到开始时的姿势。

(2)练习强度。30次动作为一组,每次练习4~6组;两组练习之间的间歇时间为5分钟。

2. 重复爬坡跑练习

(1)练习坡度大概在10°~20°,坡长大概为200~300米。
(2)训练负荷为个人最大承担负荷的60%~70%。
(3)一次爬坡为一组,每次进行5~6组练习。

3. 原地高抬腿跑

(1)站在原地做跑步动作,跑步时尽量将腿抬高。
(2)左右腿都完成动作记为一次,一组包含100~150次动作,每次练习6~8组。
(3)两组练习之间的间歇时间为2~4分钟。

(二)发展无氧耐力

1. 反复变向跑

(1)根据听到的信号向指定的方向快跑,指令为前、后、左、右,四个方向为一组,一组内的方向顺序可以任意调换。
(2)每个方向的跑步距离为20~30米,每次进行3~5组的练习。

2. 反复折返跑

(1)确定一条跑步路线,在路线的起点和终点做上标记。
(2)进行来回折返跑练习,来回跑两趟记为一次练习。
(3)一组包含 4~6 次练习,每次练习 4~6 组。
(4)练习的强度为个人能承担最大负荷的 60%~70%。

(三)发展有氧耐力

1. 定时跑

(1)确定跑步练习的时间,比如 15 分钟、30 分钟、1 个小时等。
(2)可以根据自己的需要和喜好自由选择练习的场地,可以是专业的田径训练场,也可以是在野外。
(3)练习强度为个人能够承担最大负荷量的 50%~60%。

2. 定距跑

(1)确定练习的距离,比如 1 公里、2 公里等。
(2)可以根据实际状况调整跑步的速度,比如规定用 10 分钟的时间跑完 3 公里等。

3. 各种长时间练习

(1)进行各种运动的长时间练习,比如长时间的跑步练习、自行车练习、球类运动练习、游泳练习等。
(2)练习强度为个人能承担最大负荷量的 40%~50%。

四、柔韧素质训练方法与指导

(一)发展手指、手腕柔韧素质

(1)两手交握,两臂翻转并高举过头顶,手心朝上。
(2)手腕屈伸、绕环。

第五章　校园足球后备人才基础与专项体能素质的培养

(3) 两手手指交叉相握，分别用力推对方的手指，使手指尽量向后翻转。
(4) 做抛物、接物练习。
(5) 借助墙壁等外力做推手练习。

(二)发展肩关节柔韧素质

(1) 借助单杠、双杠、吊环等器材，做悬垂、负重悬垂、悬垂转体等练习。
(2) 同伴一只手向后拉练习者的一只手臂，另一只手向前用力推练习者的背部。
(3) 面对肋木单、双臂压肩。
(4) 双手扶平衡木压肩。
(5) 借助各种各种健身器材做压肩、拉肩练习。

(三)发展脊柱柔韧素质

(1) 练习者两腿分开站立，两臂伸直并保持与地面平行，做转体练习。
(2) 站立做体前屈练习，尽量将上半身向下压，使手掌能够到地面。
(3) 两人背部相对站立，轮流将对方背起。
(4) 练习者跪立，手臂向前伸直并贴于地面，上半身尽力下压，反复练习。
(5) 躯干做侧上、侧下转动或腰部绕环练习。

(四)发展下肢柔韧素质

(1) 各种劈腿、踢腿、压腿、摆腿练习。
(2) 跪坐向后倒拉腿前群肌肉。
(3) 各种屈、伸足踝关节的练习。
(4) 栏侧跑动中起跨腿的反复过栏、下栏动作练习。
(5) 站在高栏架侧面，一条腿向外摆、向内摆，改善髋关节的灵活性。

五、灵敏素质训练方法与指导

(1) 前手翻、后手翻、侧手翻练习。
(2) 前空翻、后空翻练习。
(3) 前后方向的空中360°转体练习。

(4)弹网垂直跳、弹网前后空翻、弹网背弹转体练习。
(5)跳绳练习。
(6)各种球类运动练习。
(7)有助于灵敏素质发展各种游戏活动。

六、协调素质训练方法与指导

(1)进行各种变速练习,比如采用变速跑的方式进行跨栏练习、变速跑抢球等。
(2)进行各种变向练习,比如根据指令向不同的方向做各种动作、跑、跳等。
(3)转换部位进行练习,比如根据口令用左手或者右手接球、运球等,根据指令用左脚或者右脚接球、踢球等。
(4)做一些违反常规动作习惯的练习,比如倒向或者侧向的跳跃、跑步练习,镜面动作练习等。
(5)借助平衡木等工具进行练习。
(6)加大干扰因素进行练习,比如在山地中骑自行车、在有海浪的水域中进行游泳或者赛艇训练。

第二节 校园足球后备人才的专项体能素质培养

一、足球专项力量素质训练方法与指导

(一)跳跃训练

训练一:从一个箱子上跳下,然后立即跳起。
训练二:以双腿或单腿的形式,从一个板凳或体操箱上跳下,落地后快速跳到另一个板凳上。要求落地起跳时间要尽量短。
训练三:从30~40厘米高的板凳上跳到地面,立即垂直跳起,头部触及悬挂的球。要求落地起跳时间要尽量短。

第五章　校园足球后备人才基础与专项体能素质的培养

(二)障碍跳

以连续动作跳过障碍(不超过 4 个)。训练开始前,训练者双脚并拢站在第一个障碍前,采用双腿一起跳或者单腿交换跳的形式进行训练。

(三)羚羊跳

连续三步助跑用一条腿起跳,然后用连续三步助跑用另一条腿起跳。循环往复进行多次训练。

(四)守门员的专项力量训练

1. 跳跃力量训练

开始为静止状态。将球抛到守门员头上,要求守门员必须爆发性地跳起,接到球。排球的方位可以是守门员身边、身前或者身后的任意方位。同时也要求守门员必须短距离冲刺跑后跳起得到球。

2. 接球力量训练

守门员从近距离(8~10 米)或者更靠近身体的位置接射门(或反弹球射门),这就对守门员的接球技术和上肢力量有较高的要求。为了提升其接球能力,应该给他不同速度的射门训练。

3. 扑救力量训练

开始姿势可以是静止的,也可以是活动的,守门员扑救逐渐远离他身体的来球,尽量以倒地的姿势扑球。

4. 拳击球力量训练

首先进行静止状态下击球的训练,然后逐渐过渡到运动状态下击球的训练。

5. 踢球力量训练

(1)从地面上直接踢。当守门员得到回传球或者是一个长距离传球后,需要他将在地面上处于运动状态的球踢给远处的同队队员。一开始可以用相当简单的方式练习,守门员将球踢给教练,教练将球踢还给他,以便他能将球踢给另外一个球门的守门员,其他守门员重复这样的练习。

(2)抛踢球。设3个球门守门员必须将球踢到3个球门中的一个,而且必须在踢球之前声明他的目标。逐渐将球门移动得更远,迫使守门员踢球更远、更精确,以提高他的踢球力量。当守门员能在目前的距离准确地抛踢球后,球门就可以向后移动。

6. 掷球力量

守门员掷球到3个球门中的一个,球门逐渐向远移动,这迫使守门员要用更大的力量掷球。为了提高准确性,也可以用锥形物代替球门,守门员必须尽力击中锥形物。在训练的后一个阶段,必须完全击中锥形物,球在落于锥形物之前不能反弹,因为反弹球对队友来说较难控制。

二、足球专项速度素质训练方法与指导

(一)冲刺射门

两名队员站在一个传球人前面。传球人向球门方向踢球。在球被踢出后运动员立即开始冲刺,先获得球的队员尽力射门得分(图5-1)。

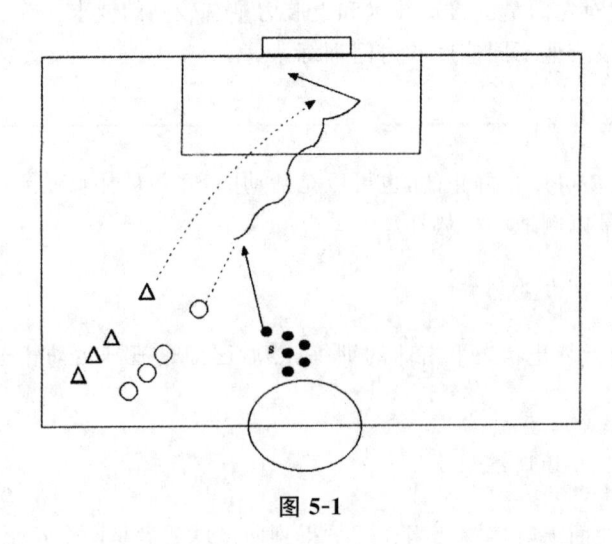

图 5-1

（二）控球比赛

开始时,在小圈中的所有队员控球。队员在小圈里面运球并且尽力将其他队员控制的球踢出这个区域。当球被踢出小圈时,控制该球的队员必须在球滚出外面的大圈前将球控制。然后回到小圈中继续运球(图5-2)。如果球出了外面的大圈,控制该球的队员得到一个负分,而将球踢出去的队员得到一分。在一定时间后得分最高的队员获得胜利。

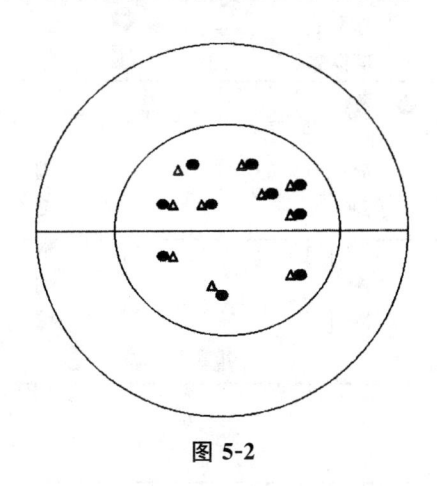

图 5-2

（三）攻守对抗

每组中的3名队员为中立队员,他们不能离开中场区域。剩余的6名队员为冲刺队员。一定时间后,3名中立队员与同队中的3名冲刺队员交换。(图5-3)比赛由两个小比赛组成。守门员必须在罚球区里面。

比赛1:双方中立队员在中场区域使用一个球进行3对3比赛(冲刺队员不参与),他们各进攻和防守一排标志物。当一队将对方的一个标志踢倒时,就将本队的标志物放到对方的标志点上。

比赛2:比赛1中的一个中立队员可在任何时候将球传向中场区域外的一个球门,一名冲刺队员(同队)追球并尽力射门得分。冲刺队员只有在球进入阴影区域内才能得分。另一支球队中队员在球一旦出了中场区域后也可以试图获得控球权,如果成功这个队员能够没有任何限制地进行得分。每次只允许同队中的一名球员争夺传出中场区域的球。

在比赛1中,球一旦传出中场区域,对方球队中的一名队员可以拿放在每对标志物后面的球(由冲刺队员),比赛继续进行。

在小比赛 1 中,踢倒一个标志得 1 分,而在小比赛 2 中射门成功一次得 3 分。在规定时间内得分最高的一队获胜。

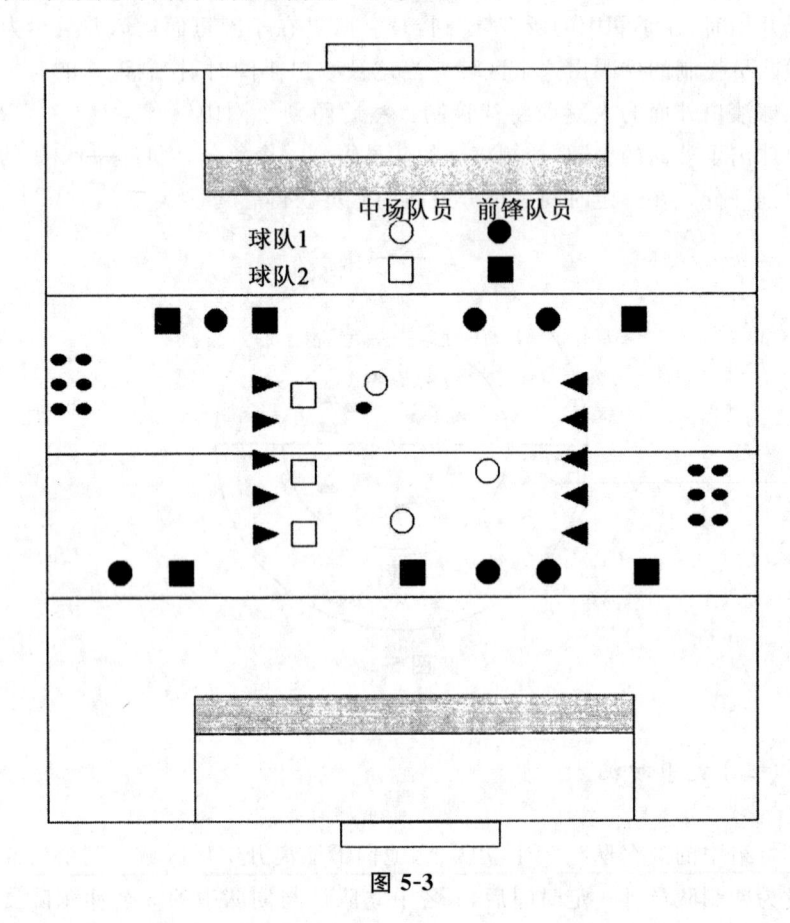

图 5-3

(四)守门员的专项速度训练

1. 反应速度

强度:100%,全力投入;重复次数:8～10 次;重复组数:2～4 组;休息:每次重复之间休息 20 秒,每组之间休息 2～3 分钟。

(1)近距离射门的快速反应训练。近距离射门要从可能射门的位置快速连续地进行,也可以用小门,以便使大多数射门都在守门员身体范围之内。如果用正规的大门,球要调整到离守门员较远的距离,守门员要不停地

第五章　校园足球后备人才基础与专项体能素质的培养

改变自己的姿势,有意识地用守门动作反应处理球,由守门员教练或者其他队员踢定位球或者活动球。

(2)反应速度训练。在球门区和罚球区之间距球门不同距离处放置4个斜板;教练员开出低球,球经过斜板变成半高球;守门员应该迅速反应,接住球或使球变向。

2. 起动速度

强度:100%,从静止开始;重复次数:4～6次;重复组数:2～4组;休息:每次重复之间休息30秒。每组间休息4～6分钟。

(1)向前的起动速度。一名球员向前运球向前,守门员上前冲刺封堵角度,当队员射门时,守门员必须随时改变准备姿势。前锋可以从左、右或者中路推进,他可以在每次射门之后对守门员进行逼抢。

(2)扑球后重新选择位置。守门员在扑救一次射门后迅速重新选位,改变准备姿势去扑救下一次射门。第二次射门可能从左边、右边或者从中路。

3. 加速跑

持续时间:2～6秒;强度:100%;重复次数:3～4次;重复组数:1～2组;休息:每次重复之间休息1～2分钟,每组之间休息4分钟。

(1)拦截/处理前长传球。守门员必须从球门区冲到罚球区外(15～20米)处理踢向他的长传球,这可能是一个长传球或是一个踢失误的回传球。练习在一个长传球后重新进入比赛,守门员必须在处理长传球后将球放在球门区内。

(2)处理罚球区外的吊射。守门员冲到罚球区外,处理1～2个由教练踢的球然后冲刺跑到门前处理吊射。

(3)从罚球区外处理吊射。守门员在罚球区外,其他队员在远处吊射,守门员必须尽力阻止得分。

4. 反复短距离冲刺跑

强度:100%;重复次数:4～6次;重复组数:2～4组;休息时间每次重复之间休息10秒,每组之间休息4～6分钟。

守门员网球:需要两个区,每个区内各有一名守门员,一个守门员踢(反弹球或凌空球)或扔球到对方的区去,如果球在对方的区内落地,则得1分,因此另一名守门员必须在各个方向上不停地短距离冲刺跑,运用各种守门动作去阻止球落到本区内。

三、足球专项耐力素质训练方法与指导

(一)有氧耐力训练

1. 恢复性训练

(1)有球循环练习。在半个足球场上,每两名运动员一组,每组可在任何一个障碍物处持球。各组同时开始(图 5-4)。每组的球员要协同工作,必须轮换触球。遇到障碍物时,两人传球过障碍物。过障碍物的时候有两种方法:①四组 4 个标志桶:球从按图所示路线从两个标志物中间穿过。②二组 4 个标志杆:曲线运球通过标志杆。教练员规定完成一圈的时间。球员必须尽自己最大努力以最接近的时间完成。在练习中,不能给球员任何关于完成时间的提示。完成时间最接近的组就是胜者。

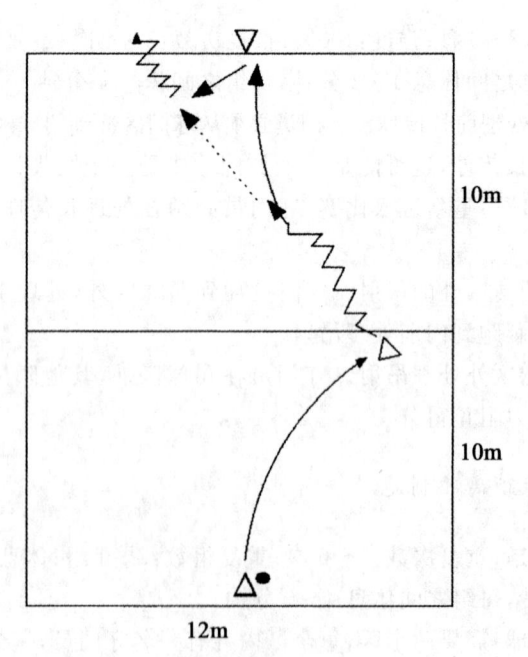

图 5-4

第五章　校园足球后备人才基础与专项体能素质的培养

(2)恢复性有氧训练。在半个足球场上。A 队员给 B 队员传球,然后向斜前方跑动,接 B 队员的传球后传给 C 队员。队员 C 拿球后沿边路运球,下底后传球给守门员。然后,横向跑动接守门员的传球,运球到 A 队员处(图 5-5)。

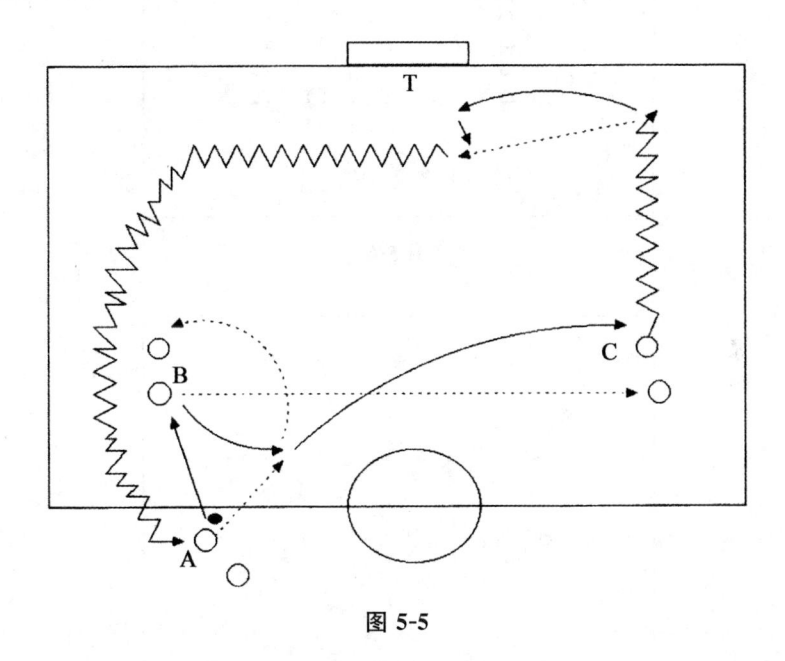

图 5-5

2. 低强度有氧练习

(1)在半个足球场上。5V5。每队防守一横排标志物。每两个标志物之间至少有1米,而且在每个队各自的半场摆放成一条直线。当控球时,控球队就要试图打翻对手的标志物。一个队成功后,把对手的标志物摆好,再取一个本方的标志物放在对方的标志线上(打翻对方标志物的队员来完成这项工作,而其他的运动员则继续进行比赛)(图 5-6)。在规定的时间内,标志物最少的一支队获胜。

(2)在半个足球场上。7V7。每一队有一个球。每一队必须保证本方的控球权,同时试图截下对方的球(图 5-7)。如果一方将球踢出了场地范围,控球权就要交给对方(得1分,见记分)。当一个队同时控制两个球时,这个队就得1分。然后将球交给对方,重新开始比赛。在给定的时间内,得分最多的队就获得比赛的胜利。

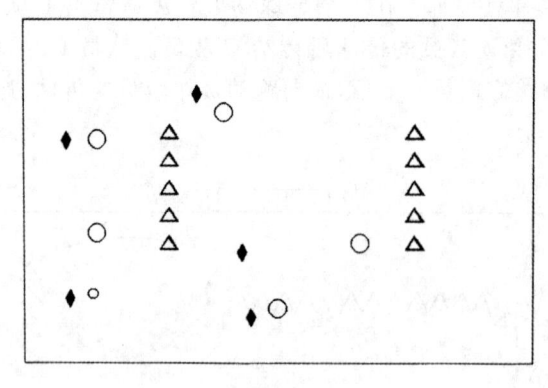

图 5-6

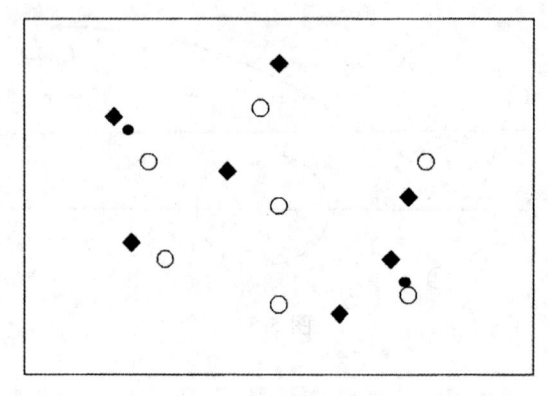

图 5-7

3. 高强度有氧训练

(1)固定时间间隔训练。

训练一:B 快速从 O 处回跑接 A 的长传球后,转身快速向 C 运球,与 C 做二过一配合。向 C 传球后全速跑接 C 的回传球。然后,运球到底线。要求 3 名队员传球要准确到位,使练习能连贯流畅(图 5-8)。训练时间控制在 45~60 秒。强度:90%~100%。重复次数:6~8 次。间歇:4~5 分钟。

训练二:场地为半个足球场,场地内有四个独立的区域。运动员的人数:5 对 5(3 对 3~8 对 8)。组织:2 个队,1 个球。每个队各有一个得分区域(A 区和 B 区)。球员从本方的得分区域开球,并要带球进入对方得分区域。进入对方得分区域得 1 分。如果对方得到控球权,那么运动员就要带球回到本方得分区域,再进行下一次进攻。(图 5-9)在规定时间内,把球放在对方区域内最多的队为胜队。

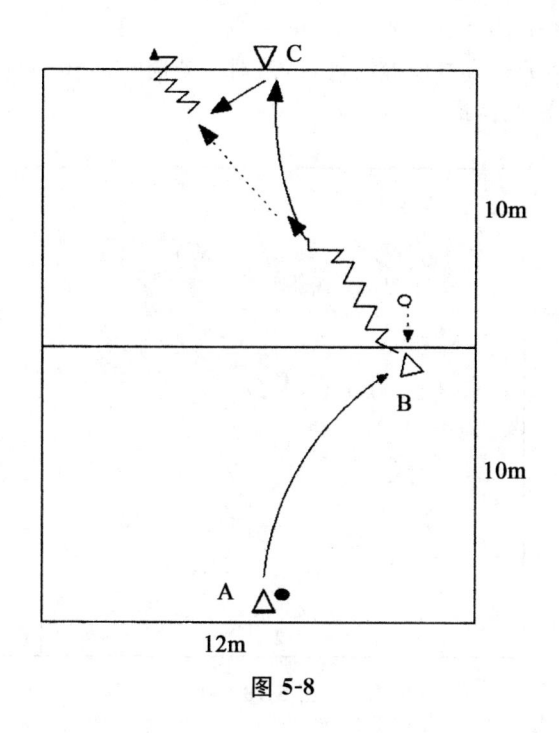

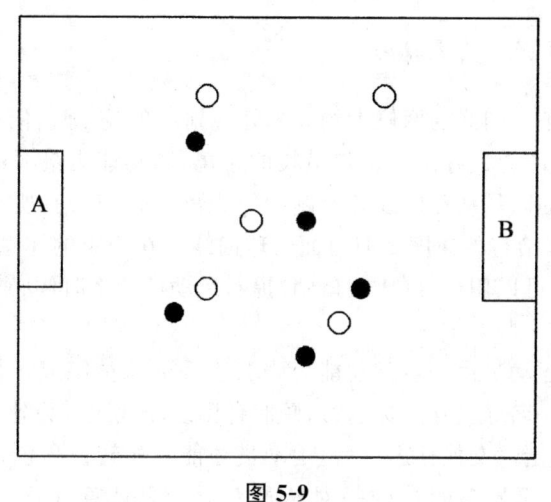

第五章　校园足球后备人才基础与专项体能素质的培养

图 5-8

图 5-9

(2)改变规则训练。每个外区都有 1 名运动员,其他运动员都在中区内。(图 5-10)每个队必须将球从外区①通过与队员的配合传递转移到另一个外区③。每名外区球员最多允许 2 次触球,如果外区队员触球超过 2 次,或者球出界,另外一队就获得控球权。如果一方将球从外区①转移到

91

外面③,然后又从③转移回原来的外区①没有被抢断,那么这个队就得 1 分。得分后,得分一方可以继续进行,这时只要将球转移到另一个外区,即可再次得分。依此类推。

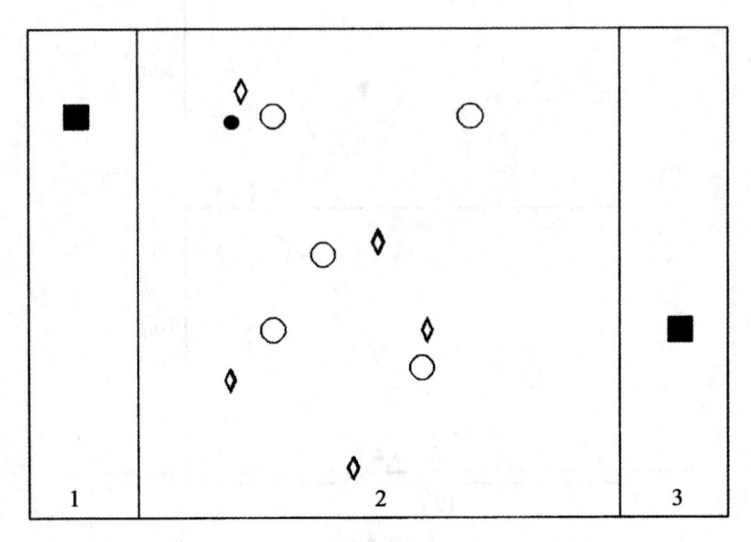

图 5-10

4. 无球高强度有氧练习

(1)在一条球门线的两侧大约 5 米处各划一条线,球员依据跑动能力分为 3 组。跑动能力最好的一组跑最长的距离,跑动能力最弱的一组跑最短的距离,其余的队员从球门线开始跑中等距离(图 5-11)。所有队员分别从 3 条线开始,以给定的速度跑向对面的球门线。在规定的休息时间之后,再跑回起始点。可以用信号(比如口哨)提示运动员什么时候必须到达对面的底线。

(2)每对运动员由一名跑动能力强和不强的队员组成。在教练员提示后,每对中的一名球员穿着标志衫,顺时针围绕场地跑。另外一名运动员围绕场地慢跑或走。交换标志衫后,运动员才能互相转换角色(图 5-12)。在规定时间内完成最多圈数的一对队员获胜。只计算穿标志衫运动员的距离。

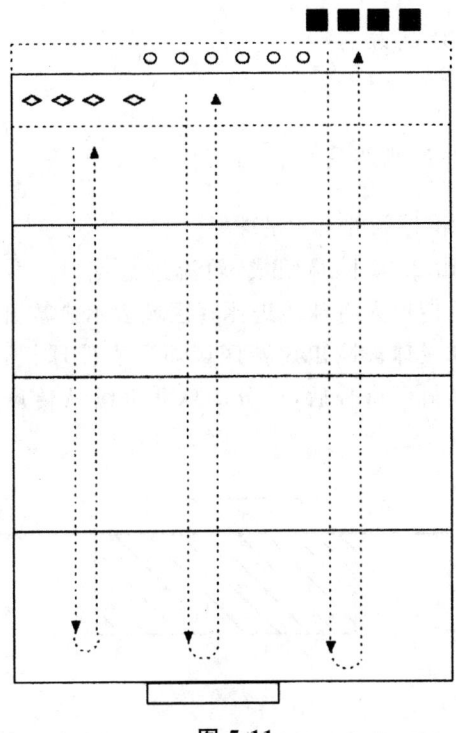

第五章 校园足球后备人才基础与专项体能素质的培养

图 5-11

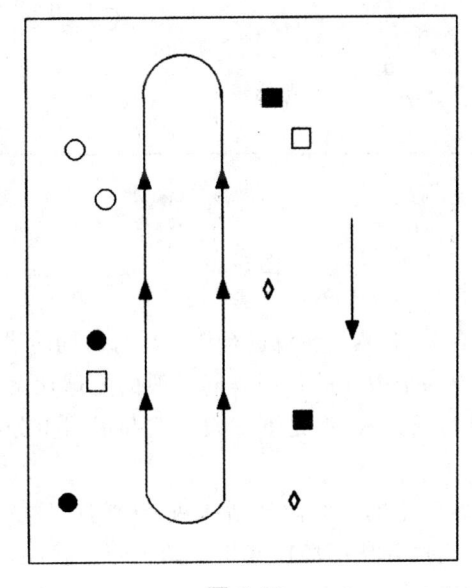

图 5-12

(二)无氧耐力训练

1. 专项速度耐力训练

在带有一个标准球门的 1/4 足球场。

训练一:每队由 2×2 队员组成,轮流进行练习。两支球队进攻一个球门。比赛由一个传球人将球传进比赛区域表示进攻开始。如果一队进攻被守门员获得球或球被踢出比赛区域而失去控球权,传球人将下一球传给另一支球队。射门得分后,得分的球队继续从传球人那里得到球权(图 5-13)。

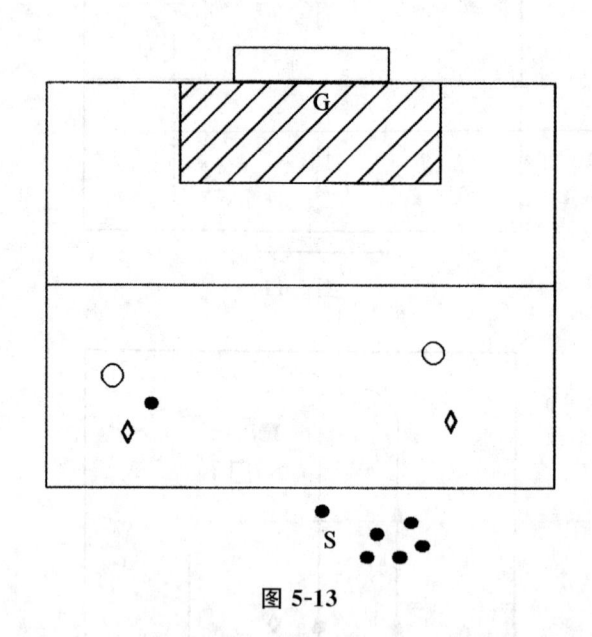

图 5-13

训练二:每队有 2×2 队员轮流进行练习。每队同时进攻和防守两个球门,在场地中间另设一个中立的球门。同一般的足球比赛。在一次射门得分后获得球的球队继续进攻,但是下一次进攻和射门得分必须在另一个球门(图 5-14)。

训练三:每支球队中的 4 个队员站在两个中间区域的一个场地中。比赛由两个小场比赛组成并从小场比赛 1 开始练习。教练员发出信号后,队员按照图 5-15 中箭头和标志的指示交替进行两个小场比赛。比赛由两个小比赛组成。

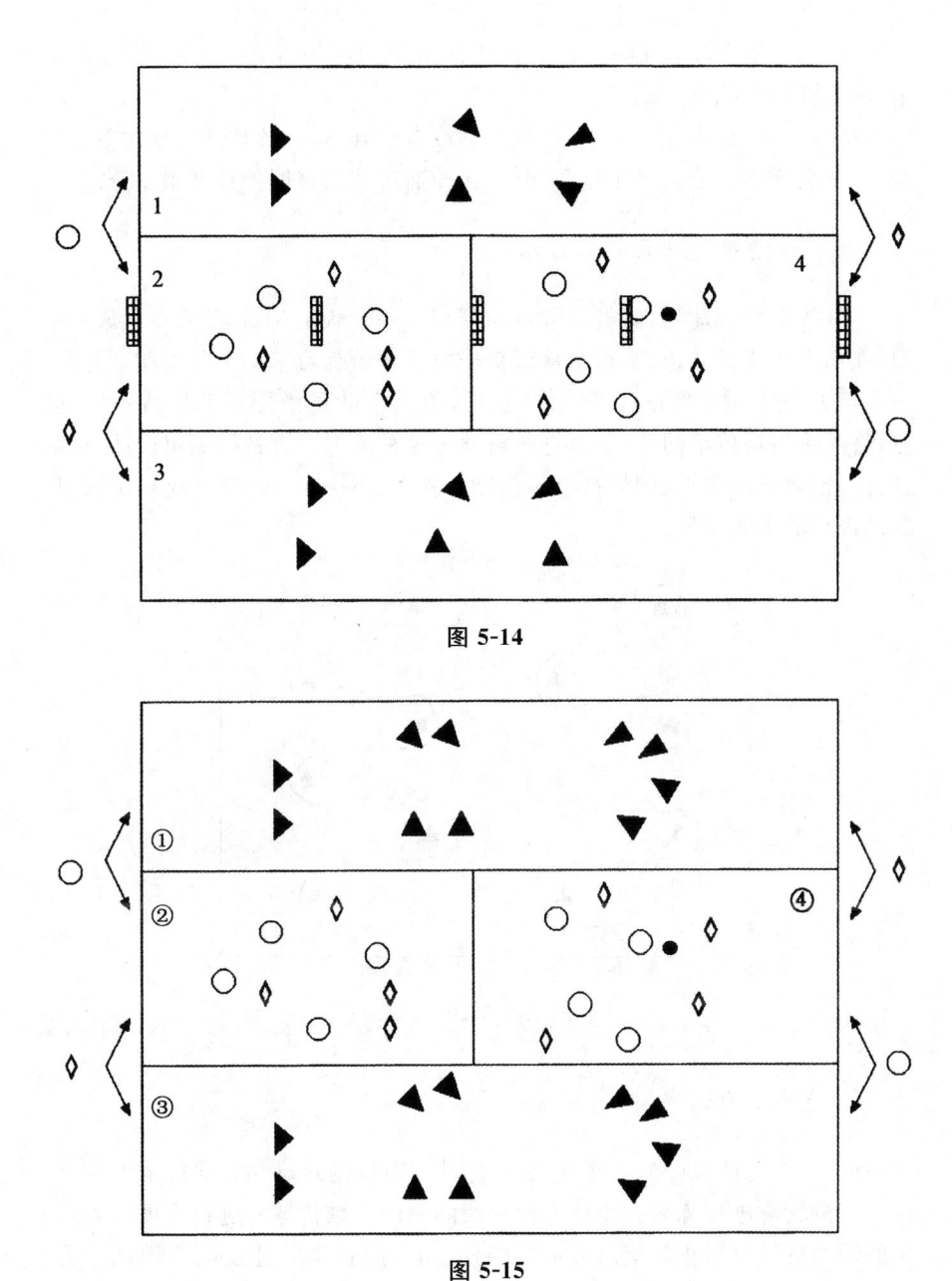

第五章 校园足球后备人才基础与专项体能素质的培养

图 5-14

图 5-15

小比赛 1：队员在中间的两个区域中用一个球门进行 8V8（每个区域 4V4）。每支球队必须竭尽全力保持本队的控球权。

小比赛 2：在外面的区域进行 4V4（①和③）。队员要将球传过球门（标志）给同伴。

规则:在每个小比赛中,队员必须在指定的区域内进行。在小比赛2中,不允许队员跑过小球门。

得分方法:在小比赛1中,在另一队没有触到球,连续传球一定次数后,例如10次后得1分。在小比赛2中,传球通过球门被同伴控制得1分。

2. 无球情况下的无氧耐力训练

场区:半个足球场;队员人数:没有限制,一个队由3~4个队员组成;组织:在场内放置标志,每个球队从两个标志间开始练习。每个队员跑动并带一个接力物(例如,背心)。发出信号后,第一个队员沿图示的路线返回起点,将所接力物传给同伴,重复进行跑动。这种练习一直持续到每个队员都进行一定数量的跑动,例如每个队员跑3次(图5-16)。最先完成规定数量跑动距离的球队获胜。

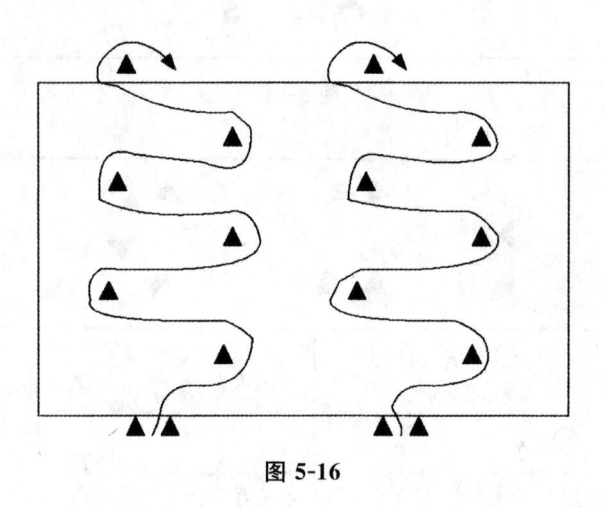

图 5-16

3. 速度耐力训练

(1)一个传球人(S),一个进行速度耐力训练的运动员(SE),至少两个球。队员轮流进行练习。传球人向外面圆圈的区域传球。进行速度耐力训练的运动员尽力阻止球滚出外面的圆圈。控球后,进行速度耐力训练的运动员以最快的速度运球回到小圆圈里。当进行速度耐力训练的运动员一回到圈里传球人就以最快的速度传另一个球(图5-17)。根据运动员阻止滚到圈外的球的数量计分。

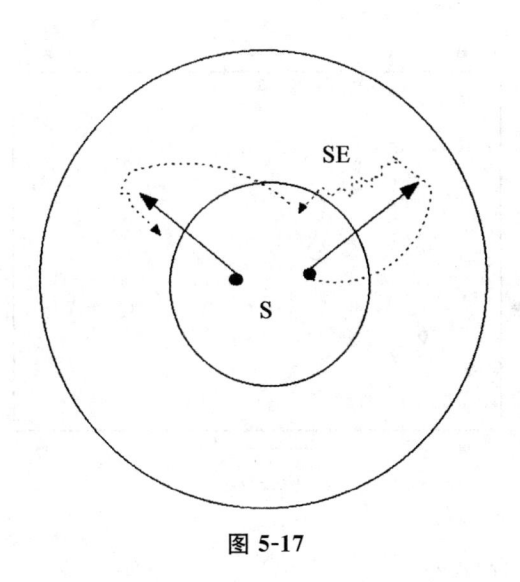

第五章 校园足球后备人才基础与专项体能素质的培养

图 5-17

（2）一个传球人，一个进行速度耐力训练的运动员，一个标志和几个球，运动员轮流进行练习。传球人传球给练习者，练习者完成射门。在进行下一次射门前绕标志物跑动，然后再射门（图5-18）。按规定时间内射门得分的数量计分。

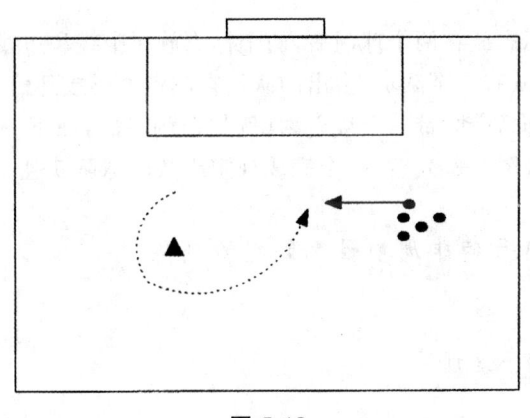

图 5-18

（3）许多球分散在场地周围。比赛由两个小场比赛组成，从小场比赛开始。在给定信号后队员们交换两个比赛。在小比赛2之后，必须将球重新分散在比赛场地周围。比赛由两个小比赛组成（图5-19）。

图 5-19

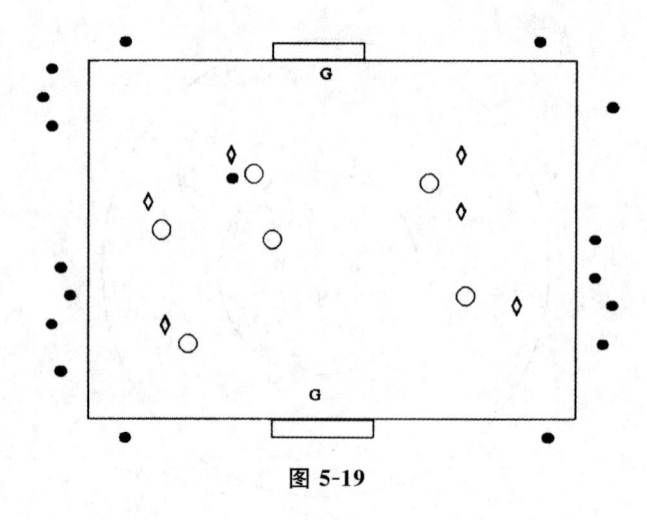

小比赛 1:射门得分。

小比赛 2:所有的球都可以使用。队员应该在规定的时间内使用分散在比赛场地周围的球尽可能多的射门(如果射门得分,球应该放在球门里直到比赛结束)。每个球队也应该尽力阻止对方射门。

得分方法:在小比赛 1 中,一次射门得分计 5 分,小比赛 2 中,一次射门得分计 1 分。

(4)两个标志放在两个球门后,两个标志放在中线和边线的连接处。在每个标志处每队有一个队员,多出的队员在起点处。接到信号后,起点处的队员顺时针方向跑动,带一个接力物(例如,背心等),在下一个标志处将接力物传给同伴(图 5-20)。第一个完成规定组数的球队获胜。

(三)守门员的非周期性无氧耐力训练

1. 长时间重复训练

持续时间:30~90 分钟;强度:最大强度;重复次数:无;重复组数:无。

任何在场地上 30~90 分钟的小型比赛都是对守门员长时间的重复训练,比赛中频繁的攻防转换,要求守门员必须积极地参与,在做氧运动的过程中,进行各种无氧运动。

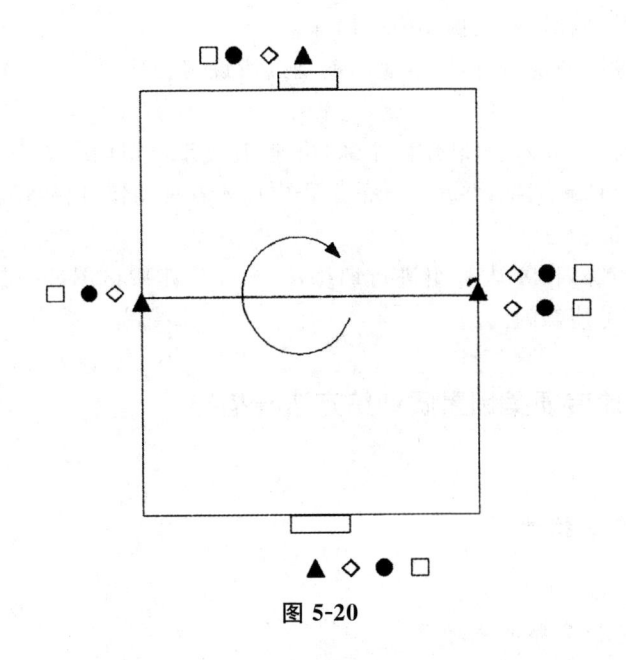

第五章 校园足球后备人才基础与专项体能素质的培养

图 5-20

2. 连续集中训练

持续时间:30~40 分钟(5×6~5×8 分钟);强度:心率 160~180 次/分;重复次数:5 次;休息:每组重复之间休息 5 分钟。

这种类型的训练在小足球场上进行,两个球门之间的距离较短(30~50 米),对守门员来讲强度是比较大的,要求较多。训练中运动员的心率较高。比赛中没有角球,总是以守门员开球代替角球来开始比赛,在每一个球门附近要放置更多的球,使比赛基本上不会中断,以保持训练的高强度。

3. 高强度间歇训练

持续时间:30~60 秒;强度:心率 170~180 次/分;重复次数:每组不超过 8 次;组数:3~5 次;休息:每次重复休息 45~90 秒,每组休息 4~6 分。

守门员 1 对 1 处理球并射门(实战)。两个球门距离 20~30 米,每个球门有一个守门员。每个守门员尽量阻止得分,然后踢或掷球。

四、足球专项灵敏协调素质训练方法与指导

(1)用身体各个部位进行相应的颠球训练。
(2)进行带球过杆训练。

(3)进行各种形式的挑反弹球训练。

(4)将球踢向身后,然后迅速向前绕过所设定的障碍,然后折回接反弹球的训练。

(5)距墙约 10 米远,利用两个球,快速、连续地向对墙踢。

(6)做带球跑训练,并在运球的过程中加入各种动作,比如,颠耍、虚晃、起动、拨挑、回扣等。

(7)冲撞躲闪。2 人一组进行训练,一人在慢跑中试图冲撞另一人,对另一人则尽可能躲闪。

五、足球专项柔韧素质训练方法与指导

(一)肩臂拉伸

1. 双臂和肩部伸展练习

保持身体直立或坐立姿势,在身体周围留出足够练习空间。双臂向上伸展,一只手握紧另一支手臂的肘部。肘部慢慢侧拉。保持该姿势 10 秒钟。

2. 被动性伸展练习

臂部与肩部伸展练习。用膝盖顶住坐在地上的同伴背部,向前推动背部,然后顶住腰部后拉。

(二)躯干拉伸

1. 体侧伸展练习

保持身体直立姿势,两脚之间的距离略比肩宽。一只手臂上举并自然弯曲,另一只手臂自然下垂。腰部向两侧弯曲,保持身体的伸展姿势。身体向一侧弯曲,保持 10 秒钟,放松,再向另一侧弯曲。重复 2 次。

2. 躯干和体侧旋转

球员成仰卧姿势,一条腿和另一条腿形成直角,双臂越过头部向外伸展,背部平直。同伴直接对球员腿部、肩膀侧面、前臂施加作用力。

（三）臀腿拉伸

1. 股四头肌伸展

一条腿支撑站直，另外一条腿举起放于横木上，用同侧手抱住举起的同侧脚。上体保持正直、积极前倾下压。保持伸展姿势10秒钟，放松，换另外一条腿。重复2次。

2. 大腿伸展

进行伸展练习的球员，双手抓紧腰部以上高度的固定物体，上体前倾（同铅球选手开始投掷的姿势），并向后举起一条腿成"T"字形。施加作用力的同伴抓住膝关节，并慢慢地举起，同时另一只手放在同伴的背部。

第六章 校园足球后备人才的心理与智能素质培养

现代足球训练和比赛不仅需要运动员做大量高强度的体能运动,还要付出一定的心理能量,并发挥聪明才智。在足球训练水平不断提升的今天,运动员之间在体能和技战术上的差距在不断缩小,单纯的身体对抗和技战术比拼已经不能决定比赛胜负了,而心理的稳定性和智能的表现对运动员正常或超长发挥起到越来越重要的作用。心理和智能已然成为影响足球运动员训练效果和比赛结果的重要因素。因此在青少年足球人才训练与培养中,不仅要重视体能训练,还要在此基础上加强心理训练和智能训练,并将体能、心理、智能等基础能力训练融入技战术核心技能训练中,从而全面提升青少年足球人才的竞技能力。本章着重对青少年足球人才的心理与智能训练展开研究,首先分析心理与智能的基本知识,然后重点研究青少年足球人才心理训练与智能训练的方法。

第一节 心理与智能培养的心理学基础

一、心理与运动心理

(一) 心理的概念

心理指的是人的内在状态,思考的过程,是对客观事物的主观体验。心理的表现形式叫做心理现象,包括心理过程和心理特性,人的心理活动都会经历发生、发展、消失的过程。人们在活动中,通过各种感官认识外部世界、

第六章　校园足球后备人才的心理与智能素质培养

事物,通过头脑活动思考事物的因果关系,并伴随着喜、怒、哀、惧等情感体验。这个折射着一系列心理现象的过程就是心理过程。

(二)心理健康

心理健康是指心理的各个方面及活动过程处于良好或正常的状态。心理健康的理想状态是保持性格完好、智力正常、认知正确、情感适当、意志合理、态度积极、行为恰当、适应良好的状态。心理健康表现为在社交、生产生活上能与其他人保持较好的沟通或配合,能处理好生活与工作中发生的各种情况。

每个人都可以测量与评价自己的心理健康状况。我国学者参考美国曼福雷德编写的"心理健康问卷",经过改编而设计了"心理健康自我测定量表",可供人们参考,见表6-1。

表6-1　心理健康自我测定量表[①]

题号	内　容	常有	偶有	罕有	从无
1	害羞	1	7	8	0
2	为丢脸而烦恼很久	0	6	12	6
3	登高怕从高处跌下来	0	5	13	10
4	易伤感	0	5	15	8
5	做事常常半途而废	0	4	12	4
6	无故悲欢	0	7	12	9
7	白天常想入非非	3	8	9	0
8	行路故意避见某人	0	3	11	10
9	易对娱乐厌倦	0	8	11	6
10	易气馁	0	1	15	8
11	感到事事不如意	0	2	16	6
12	常喜欢独处	0	2	6	0
13	讨厌别人看你做事,虽然做得很好	0	8	11	9
14	对批评毫不介意	8	5	3	0

---

① 王健等. 健康教育[M]. 北京:高等教育出版社,2004.

续表

题号	内　　容	常有	偶有	罕有	从无
15	易改变兴趣	2	4	8	2
16	感到自己有许多不足	0	5	12	15
17	常感到不高兴	0	4	15	5
18	常感到寂寞	0	4	11	5
19	觉得心理难过、痛苦	0	1	11	16
20	在长辈前很不自然	0	7	11	10
21	缺乏自信	0	9	11	8
22	工作有预定计划	8	6	0	2
23	做事心中无主见	0	7	10	11
24	做事有强迫感	0	4	5	3
25	自认运气好	11	7	6	0
26	常有重复思想	0	9	7	4
27	不喜欢进入地道或地下室	0	3	4	12
28	想自杀	0	3	5	13
29	觉得人家故意找你茬	0	1	5	6
30	易发火、烦恼	0	5	18	13
31	易对工作产生厌倦	0	4	11	15
32	迟疑不决	0	10	10	8
33	寻求人家同情	0	1	9	2
34	不易结交朋友	0	2	9	5
35	心理懊丧影响工作	0	4	14	14
36	可怜自己	0	0	11	9
37	梦见性的活动	2	3	6	0
38	在许多境遇中感到害怕	1	0	16	7
39	觉得智力不如别人	0	1	8	7
40	为性的问题而苦恼	0	4	9	3
41	遭遇失败	0	4	14	6
42	心神不定	0	9	13	6

第六章 校园足球后备人才的心理与智能素质培养

续表

题号	内　　容	常有	偶有	罕有	从无
43	为琐事而烦恼	0	7	14	7
44	怕死	0	1	2	13
45	自己觉得自己有罪	0	0	12	4
46	想谋杀人	2	3	5	0

根据自己的实际情况做选择，最后统计总分，男生总分 65 分以上表示心理正常，低于 10 分表示心理问题严重；女生总分 45 分以上表示心理正常，低于 25 分表示存在心理问题。

（三）运动心理

运动心理是指运动员的大脑对运动训练、运动比赛的主观反应，这种反应主要通过感知觉、记忆与表象、思维与想象、意志与情感等形式表现出来。运动心理主要包括心理过程和个性心理，如图 6-1 所示。运动心理的结构要素也是运动员心理技能训练的主要内容，在运动心理训练中，要塑造运动员良好的个性心理，还要注重培养良好的感知能力、表象能力、思维能力以及情感态度，并加强兴趣的培养和意志的锻炼。

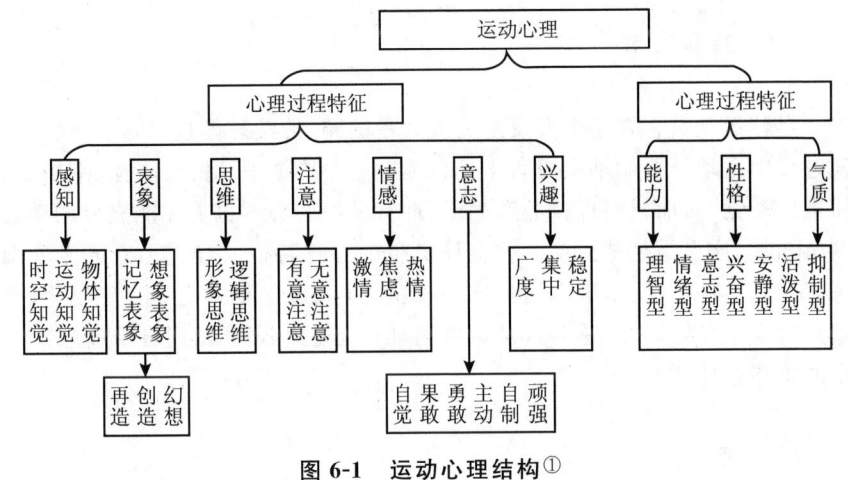

图 6-1　运动心理结构[①]

---

① 胡亦海. 竞技运动训练理论与方法[M]. 北京：人民体育出版社，2014.

二、足球后备人才的心理特征

(一)认知过程

足球运动的规律、特点都与足球本身的属性有关,所以具有一定的特殊性。足球运动的特殊性要求足球后备人才在训练和比赛中有准确的时空知觉、运动知觉,能准确判断传球意图,能高度集中注意力,合理分配注意力,在恰当的时候转移注意力,能灵活思考,敏捷做出反应,这些心理品质和心理能力是足球后备人才应该拥有的基本心理素质,也是青少年足球运动员的重要心理特征。

足球后备人才在训练、比赛等实战中,其自身的身心因素会影响他们技战术行为表现,此外,时空因素、实战对抗环境、对手干扰也对他们有很大的影响。足球后备人才因为身心特征的独特性,容易分散注意力,情绪稳定性差,缺乏意志力和鉴定的信心。这就要求针对足球后备人才进行心理训练时,重点加强注意力训练、情绪训练和自信心培养训练,通过完善他们的心理品质来提高其技战术行动质量。拥有良好认知能力和心理品质的足球后备人才战术意识比较强,能迅速判断和行动,感知的准确性高,反应灵敏,和对手正面交手时容易赢得心理上的优势。

(二)感知过程

足球运动员在赛场上要反复完成大量的跑、传接球等技术,在技战术行动过程中运动员要调动全身各个感知觉,包括视觉、听觉、机体觉、平衡觉、肌肉运动觉等,而只有保持心态稳定、拥有良好的心理机能才能充分调动这些感知觉,这也是足球后备人才应该具备的心理特征。经过不断的专项训练,足球后备人才会形成专门化的心理机能,感知觉能力也具有专项化,也就是形成了良好的"球感",这是足球运动后备人才充分发挥自身技战术水平的重要条件。

(三)思维过程

足球比赛中,竞争异常激烈,攻守双方的转换瞬息万变,技战术动作快速完成,在这样特殊的竞争环境下,足球后备人才必须高度集中注意力,有

第六章 校园足球后备人才的心理与智能素质培养

效分配注意力,感知要准确、快速,善于观察细节,准确判断、全面分析,对对方的技战术意图予以正确的判断,从而积极应对。足球后备人才在竞技场上的思维活动是有预见性的,是迅速敏捷的,是有益于控制行动及创造性地充分发挥技战术水平的。足球技术行动、战术配合是运动员大脑思维的主要内容,这种思维最终也表现在实际的技战术行动上。

(四)注意力

在一场足球比赛中,足球后备人才要完成大量的技术动作和不断变化的战术行动,而且比赛节奏很快,富于变化,持续时间长,所以要求后备人才的注意力具有良好的稳定性,并达到一定的强度水平。技术行动及战术配合是运动员的注意力集中指向的目标,在这一基础上,要准确判断和预测赛场形势,根据判断做出应对行动,使每个技术和每个配合都能高质量完成,并达到预期效果。如果足球后备人才的注意力缺乏一定的强度,没有很好的稳定性,总是分散注意力,那么稍不留神就会影响动作质量,出现失误,陷入被动。

此外,注意的范围大也是足球运动的特殊性对后备人才提出的一项专项要求。足球运动场地广阔,双方队员遍布球场各地,足球后备人才应该能够在单位时间内注意到更多的对象和更广的范围。除了要有广泛的注意范围外,还要能够根据比赛的变化而转移注意力,在关键的地方分配更多的注意力,将注意力合理分配到各个重要的领域,如此才能在变化莫测的比赛环境中保持稳定的状态,不慌乱,从容应对,提高技战术动作质量。

(五)情绪和意志

足球后备人才在足球实战中会产生鲜明而强烈的情绪体验。足球后备人才对比赛过程的认知及对比赛结果的预测受到其自身情绪的影响。如果足球后备人才能够深刻理解比赛的重要性,那么其就容易产生强烈的情绪体验,而且越临近比赛,这种情绪越明显。在正式比赛中,赛场攻守形势的变化、比分的差距、技战术能力发挥情况等会影响后备人才情绪体验的变化。

足球后备人才在赛前、赛中及赛后产生的情绪体验是不断变化的,而且这个变化也是有一定规律的。情绪体验的性质及变化情况对其在赛前的准备、赛中的发挥以及赛后的恢复都有重要影响,也直接影响比赛结果。优秀的足球后备人才在赛中应保持积极的稳定的情绪状态,以促进自控能力的提升,并根据需要而调整自己的行动。后备人才情绪状态的稳定性和自我控制能力受到其意志品质的影响。意志顽强的后备人才往往能够保持稳定的增力情绪状态,而意志薄弱的后备人才心理容易异常紧张,无法应对复杂多变的实战比赛,紧张的心理必然导致行动上慌乱、失误,导致技战术完成质量下降,最终影响心理健康和比赛成绩。

三、智能与运动智能

(一)智能

智能也可称为"智力",是借助于内部语言在人脑中进行的一种认知活动方式,主要包括感知能力、观察能力、记忆能力、抽象思维能力以及创造能力。心理学家认为智力是完成某种活动的必要的条件,智力具有以思维能力为核心,多种能力的整合的特点。

(二)运动智能

运动智能也就是"运动智力",指的是运动员在训练或比赛中运用基础和专项理论知识来认识训练和竞赛的一般或特殊规律并解决现实问题的能力。运动智能是运动员在掌握运动技能和表现运动技能的过程中必备的心理条件或特征,包括运动观察能力、运动记忆能力、运动思维能力、运动注意能力以及运动想象能力。运动智力的结构如图6-2所示。

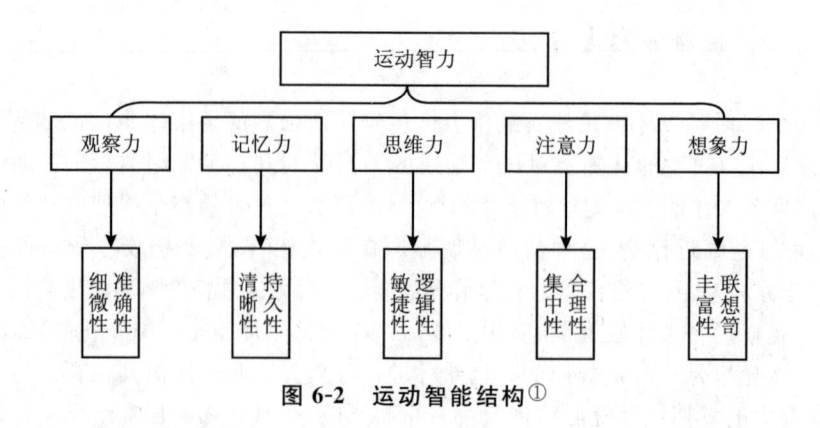

图 6-2 运动智能结构[1]

---

[1] 胡亦海. 竞技运动训练理论与方法[M]. 北京:人民体育出版社,2014.

（三）足球运动员的运动智能

足球运动员的运动智能与足球专项特征密不可分，因此要从特定的足球运动情境出发来考察足球运动员的智能。从足球运动员在足球训练和比赛中的表现来看，他们的运动智能是以运动感知力为先导的，而运动思维能力则是其运动智能结构中的核心智能因素。此外，运动想象力在足球运动员的智能结构中同样非常重要，其所发挥的作用不可忽视。

足球运动员的智能在训练和比赛中综合表现为其对战机的把握能力和运用能力，尤其是在比赛中具体表现为其随着双方对抗形势的不断变化而迅速调整策略，机动灵活，随机应变采取恰当措施而有序进攻、摆脱困境以及与团队高效率配合的能力。

第二节　校园足球后备人才的心理素质培养

一、校园足球后备人才的心理训练计划

校园足球后备人才在心理训练之前，由专业人员依据心理训练的目标、任务、原理及足球运动情境而预先设计与安排心理训练的内容、步骤、方法，最终形成完整的心理训练方案，这就是心理训练计划。科学制订与有效实施心理训练计划，有助于提升校园足球后备人才的综合心理水平，如增加自信、强化动机、集中注意力、控制情感、调整情绪、积极思考、建立和谐人际关系等。心理训练计划也是对即将开展的心理训练工作进行监控的方案，应将其贯穿于心理训练的整个实践过程中。下面具体分析校园足球后备人才心理训练计划的制订与实施。

（一）心理训练计划的制订

1. 心理训练计划的制订程序与要求

校园足球后备人才心理训练计划制订的内容与程序大体如下。

(1)明确训练对象。对足球心理训练计划进行设计时,首先要对训练对象也就是实施计划的对象有所明确。不同的足球运动员个体心理特征不同,不同性质与规模的足球比赛也对运动员的心理素质提出了不同程度的要求,这些因素都对心理训练计划的制订及实施有重要影响,因此一定要在了解训练对象的基础上进行训练计划设计。不同年龄段的青少年足球运动员身心发育特征存在差异,这是不可否认的,与此同时,不管是不同年龄段的青少年球员,还是同一年龄段的青少年球员,都存在心理方面的差异,表现在运动态度、动机、人格、人际关系等各个方面。此外,青少年足球运动员的心理特征与足球专项特征及要求有着必然的联系,这也是心理训练计划制订中必须考虑的因素。只有充分了解训练对象的心理特征,了解不同球员之间的心理差异,以及了解青少年足球运动员的心理特征与足球专项要求的契合程度,才能有针对性地面向校园足球后备人才设计科学的心理训练计划,安排具体的心理训练内容和有效的心理训练方法。

(2)理解足球运动专项特征。面向校园足球后备人才制订心理训练计划的人员应该是体育科学工作者,同时也是运动心理学专业人员。了解足球专项的运动心理学专业人员更容易获得足球教练员与青少年足球运动员的认同和信任,更容易从教练员和运动员那里获取有利于制订计划的准确信息。运动心理学专业人员制订足球心理训练计划,要充分了解足球运动专项技战术,了解足球训练和比赛的特点,了解足球运动员的一般特征和专项特征,并从专业视角敏锐地观察和洞悉青少年足球运动员的心理问题,对青少年在训练或比赛情境中的真实心理感受予以体察。这就要求专业人员深入足球训练与比赛的一线,在运动现场体会运动员的心理变化,从而为制订出科学的心理训练计划而提供有价值的参考素材。

(3)评估运动员的心理特征。要使足球心理训练计划与校园足球后备人才的心理特征与心理发展需求更为契合,并能针对校园足球后备人才的心理问题而在计划中提出有效的心理调控与干预方法,就需要计划制订者采取科学有效的方式对青少年足球运动员的心理特征进行测试与评估,获取可靠的信息,从而为训练计划的制订提供有实际意义的参考。运动心理学专业人员评估青少年球员心理特征的方法主要有面对面交谈;记录球员的日常训练表现或在比赛中的典型表现;深入训练与比赛现场而对运动员进行观察;采取专门的运动心理测量表而进行测试,等等。

(4)加强沟通。青少年足球心理训练计划的实施主体是教练员,实施对象是青少年球员。专业人员设计的心理训练计划是否与教练员和运动员的实际情况及需求相符,能否有效实施计划中提出的训练方法以及经过实施

第六章 校园足球后备人才的心理与智能素质培养

能否取得可观的成果,等等,运动心理专业人员只有与教练员和运动员进行深入沟通才能回答这些问题,了解真实情况。

运动心理专业人员设计心理训练计划,为教练员和运动员提供心理训练方案,是计划的"供应方",而计划的实施主体教练员与实施对象运动员则是训练方案的"需求方",双方的沟通非常重要。运动心理专业人员在制订心理训练计划前要主动与教练员和运动员进行一次会谈,双方共同确定心理训练的重点,确保设计出来的训练计划能够给运动员带来真实的帮助,能够使运动员在训练和比赛中有更好的发挥。此外,足球教练员也必须对心理训练有正确的认识和高度的重视,要肯定心理训练对提升运动员竞技能力的价值,对运动员心理训练的了解要达到像了解技战术训练那样的程度,在日常训练中将心理训练纳入训练计划中,并有序实施心理训练计划,提升青少年球员的运动心理素质。

(5)确定心理训练内容、训练方法和训练程序。对青少年球员的心理特征、心理技能缺陷有所了解后,就可以将心理训练的内容及训练重点确定下来了。如果经过心理评估发现青少年球员不容易集中注意力,思维能力较弱,那么就要针对这些薄弱环节重点进行注意力训练和思维能力训练。通过重点训练来改善薄弱心理技能因素,提升心理技能水平,进而提升比赛能力。

确定了心理训练的内容及训练重点,还要对相应的训练方法进行设计和选用,常见的方法有目标设置训练法、自我暗示训练法、注意集中训练法、表象训练法、自我暗示训练法、生物反馈训练法、系统脱敏训练法等。具体要根据训练对象的心理特征、心理技能发展现状以及训练条件、训练目标去选择恰当的训练方法,保证训练方法具有很强的操作性,而且经过操作可以有效达到预期的训练目的,成功提升青少年的运动心理水平。

明确了训练内容和训练方法后,还要设计训练程序,保证各项训练内容和训练方法得到有序且高效率的实施,提升训练效率和效果。训练程序中应该明确训练内容的前后顺序、为不同训练内容安排的具体训练方法以及各项训练内容所占的时间,加强对训练进度的安排与调控。

(6)心理训练计划评估。校园足球后备人才心理训练计划制订好之后,可以初步评估训练计划是否合理、明确,而要评价计划的有效性,则需在训练计划实施一段时间之后进行评估才能得到结论。对实施之后的训练计划进行评估,具体要观察与测试训练对象的心理变化,从训练对象在训练与比赛中的表现以及最后的结果中评价训练计划对训练对象是否有效。在评价后,运动心理学专业人员要与教练员、青少年球员进行面对面的讨论,双方就训练计划的有效性进行交流,运动心理学专业人员从计划的实施者与训练对象那里获取反馈,接受他们提出的宝贵建议,及时发现计划中的不足之处,并进一步调整与完善计划,为之后的训练提供更好的指导。

2. 心理训练计划示例

假如青少年足球队将要在2022年8月参加一场非常重要的足球赛事,那么提前一年就要进行心理训练规划,这一年的心理训练分5个阶段进行,各阶段的时间安排及目标见表6-2和图6-3。

表6-2 心理训练计划示例

阶段划分	时间安排	目标设置
基础训练阶段	2021年9月—12月	1. 基础心理培训 2. 心理状态调查(访谈、问卷调查、专业测试)
练习阶段	2022年1月—2月	1. 个人训练计划和准备 2. 心理技能训练 3. 赛前常规训练 4. 评价第二阶段,计划第三阶段
模拟训练阶段	2022年3月—5月	1. 赛中心理训练 2. 逆境中心理训练
调整与完善阶段	2022年6月—7月	1. 调整和完善第三阶段的心理训练 2. 加强个人和团体心理训练 3. 固定心理练习程序
赛中训练阶段	2022年8月(比赛中)	1. 调整比赛中的心理状态,乐观自信、心理稳定 2. 用积极语言自我暗示,团队相互鼓励 3. 教练员给予鼓励和肯定

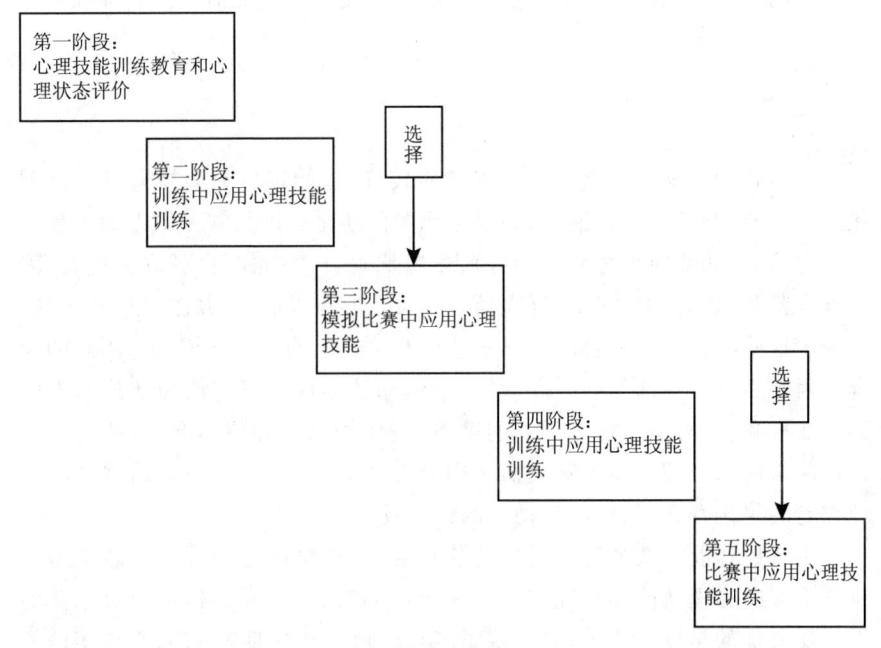

第六章 校园足球后备人才的心理与智能素质培养

```
第一阶段：
心理技能训练教育和心
理状态评价
        ↓
    第二阶段：              选
    训练中应用心理技能      择
    训练
            ↓
        第三阶段：
        模拟比赛中应用心理
        技能
                ↓
            第四阶段：           选
            训练中应用心理技能   择
            训练
                    ↓
                第五阶段：
                比赛中应用心理技
                能训练
```

图 6-3　青少年足球运动员备战比赛的心理训练安排①

(二)心理训练计划的实施

校园足球后备人才心理训练计划的实施分下列几个阶段进行。

1. 基础阶段训练

(1)一般训练阶段

这一阶段主要是将心理技能训练的基本知识和常见方法传授给青少年球员。在开启这一阶段的训练之前，要对青少年球员至少前两周的运动表现及运动成绩予以了解，并采取简便易操作的方式对球员的生理和心理特征及其对心理技能训练的认知水平进行评估，从而为促进心理技能训练计划的实施打好基础。这一阶段以初步评估青少年球员的心理特征及其对心理技能训练的认知和掌握情况为主。

(2)专项训练阶段

为完成足球训练与比赛的特定任务而合理运用心理技能，这是专项训

---

① 张忠秋. 优秀运动员心理训练实用指南[M]. 北京：人民体育出版社，2007.

练阶段的重点。青少年球员将已掌握的心理技能方法灵活运用到训练和比赛中。

2. 赛前阶段训练

有些青少年球员虽然平时心理素质较好,也能很好地调控自己的心理状态,具备良好的心理技能,但在临近比赛前还是会因为各种原因而出现不良心理状态,如赛前训练状态不好而影响比赛自信;此次比赛意义重大,因此异常紧张、焦虑;对手过于强大而导致自己心里没底气,缺乏自信和勇气,等等。这些不良心理都会严重影响球员在比赛中的个人发挥及与团队的配合。因此必须在赛前加强心理训练,使运动员不仅做好体能与技战术方面的赛前准备,同时也做好心理上的准备,进而做好全方位的准备,使运动员在赛前掌握的心理技能能够灵活运用到赛中心理调控上,使赛前掌握的心理技能满足比赛之需,促进运动员的稳定发挥。

正式比赛前一般会进行简单的热身赛,这个阶段运动员要有意识地将自己掌握的心理技能和心理调控方法运用到实战中,并评估运用效果。如果将要参加的是重大比赛,那么就要多开展几次模拟训练,以对青少年球员的比赛适应能力和临场发挥能力进行培养。

3. 比赛阶段训练

这一阶段对青少年球员进行心理训练,主要是使青少年将日常训练及赛前准备训练中获取的心理技能运用到比赛中,从而对自己的比赛心态进行调整,尽可能保证自己心态的稳定,以积极的心态完成整场比赛,用良好的心态去支撑自己正常或超常发挥,并带动和感染其他队员,提高团队的整体配合能力。

4. 过渡阶段训练

不管是制订心理训练计划的运动心理学专家,还是作为训练计划实施主体的教练员,都经常忽视青少年球员的赛后心理训练,他们认为比赛已经结束了,所以再进行心理训练已经没有意义了。这是一种错误的认识,即使比赛结束了,但运动员的心理因为比赛结果而受到了影响,不管结果如何,运动员的心理都发生了这样或那样的变化,这是毋庸置疑的。因此还需要进行心理训练,调整运动员的心理状态,促进身心恢复。

二、校园足球后备人才心理训练常用方法

(一)肌肉放松法

肌肉放松法是心理训练的常见方法之一,其原理是人的肌肉在经过紧张后,会在一段时间内自然反射回放松状态,青少年足球运动员可以遵循肌肉紧张和放松的交替规律,依靠生理线索回到放松状态。采用使肌肉放松的方法可以有效缓解紧张、畏惧等不良情绪,还能帮助运动员缓解疲劳,提高睡眠质量,控制心理稳定性。

(二)呼吸调整法

通过深呼吸可以缓解紧张情绪,平复激动心情。依据这个原理,可采用呼吸调整法来训练与提升青少年足球运动员的心理稳定性,这种方法常常被运用于足球竞赛中,将吸气时的肌肉紧张和呼气时的肌肉放松相结合,从而调整心理状态,消除不良情绪,使内心平复、冷静,尽可能以稳定而强大的心理发挥出最佳水平。

(三)动机激发法

青少年足球运动员在训练和比赛中的良好表现都离不开正确动机的内在驱动。在足球训练和比赛前采用动机激发的方法来调节运动员的心理,将正确的观念传输给运动员,如顽强拼搏、为国争光、集体荣誉、勇者必胜等,使运动员的注意力高度指向正确的方向和理想目标上。此外,也要让运动员正确对待成败,在训练和比赛中只要拼尽全力,要尽可能发挥自己的优势,与队友配合好,争取不留遗憾。

(四)自我暗示法

自我暗示法适合青少年足球运动员用于自我心理调适。通过自我诉说、自我命令、自我说服等方式来稳定自己的心理,调节情绪,整理心情,强化意识,最终提高训练或竞赛的效能。研究表明,自我暗示不仅会影响运动员的心理、态度及行为,还会影响他们生理机能水平的发挥。暗示是每个人

都有的心理现象,一般以联想过程中引发的心理冲动为基础,也以人体的各种机能、活动和行为为基础。这就是说,暗示和人的生理机能密切相关,通过有效的暗示既能稳定心理,又能提升生理机能水平。

(五)模拟训练法

模拟训练法是一种适应性训练方式,在训练中使将要参赛的运动员的心理和将要面临的比赛环境保持协调。青少年足球运动员在比赛中可能会因为气温、场地、观众等外在条件的变化而影响发挥,所以在赛前训练中要尽可能创建和比赛场地相似的环境,使运动员熟悉比赛场地与周围环境,从而提高运动员的适应性。一般情况下,可以利用实战模拟、图片、语言、影像等手段来模拟比赛环境,从而有效提高运动员对比赛环境的适应性,提高其心理环境的稳定性,使运动员以良好的心理状态而稳定发挥。

(六)游戏转移法

游戏转移法主要是利用丰富多彩、生动活泼的游戏来营造轻松愉悦的备战氛围,从而转移运动员赛前紧张不安、焦虑烦躁等不良情绪。游戏的设置一般要求涉及身体练习、思维锻炼以及心理调整等多个要素,还要有严格的规则,既规范又有趣,以帮助青少年球员释放不良情绪,激发积极情绪,保持自信、乐观的心理状态。[①]

三、校园足球后备人才比赛心理准备程序的建立

现代足球比赛对抗十分激烈,青少年球员的赛前准备状态直接影响其竞技状态和比赛中竞技能力的发挥。做好充分的准备是比赛取胜的关键,充分的准备不仅包括体能准备、技战术准备,还包括心理准备,通过心理准备达到最佳心理状态。具体来说,青少年球员赛前要明确参赛目标、个人定位,稳定自我情绪,有明确的注意指向,有取胜的信心和高昂的斗志,这些都是比赛心理准备的重要内容。下面具体分析比赛心理准备程序的建立。

---

① 王朝金. 探讨运动训练中的心理训练[J]. 体育世界(学术版),2014(09):45-46.

第六章　校园足球后备人才的心理与智能素质培养

(一)心理净化程序的建立

一般来说,即将参加比赛的运动员在比赛前 24 小时其心理状态就进入敏感期,心理发生一系列变化,为了控制心理的大幅度变化,必须建立心理净化程序,达到最佳比赛心理状态。

1. 比赛前一天

(1)明确自己在赛场上的角色和职责,清楚自己的主要任务是什么。
(2)将自己担心遇到的困扰列出来,并逐一制订解决方案。
(3)合理作息,做一些娱乐活动来使自己放松下来。
(4)表象自己曾经发挥最佳的场景,并暗示自己一定行。

2. 准备活动中

做热身动作,通过呼吸调整、肌肉放松、表象演练等方式来调整心理状态。

3. 入场等候时间

放松神经肌肉,自我暗示、提示,相信自己的专长技能在比赛场上一定能有好的发挥。

4. 临赛前

深呼吸,调整心态,提醒自己放松,默念比赛要点。

5. 中场休息

采用腹式呼吸的方式和肌肉放松的方式调整心理,并积极转换思维,如果前半场发挥失误,比分落后,暗示自己重新开始,在下半场努力扭转战局。如果前半场发挥很好,比分有优势,暗示自己趁热打铁,将有利局面保持下去。

(二)思维活动程序的建立

在比赛前的不同时间段,即将参赛的青少年球员会有各种各样的心理活动,主要表现在思维上。为了使参赛运动员有更加积极的思维活动,并突出思维活动的重点和逻辑性,应引导运动员在赛前不同时段将自己要考虑的事计划好,以防临近比赛时大脑空白或胡思乱想,对参赛心理造成严重影响。所以,建立比赛心理准备程序时,要积极建立比赛思维活动程序,及时调节思维与调整心理。如果足球比赛在下午进行,那么比赛思维活动程序的建立步骤可参考图 6-4。

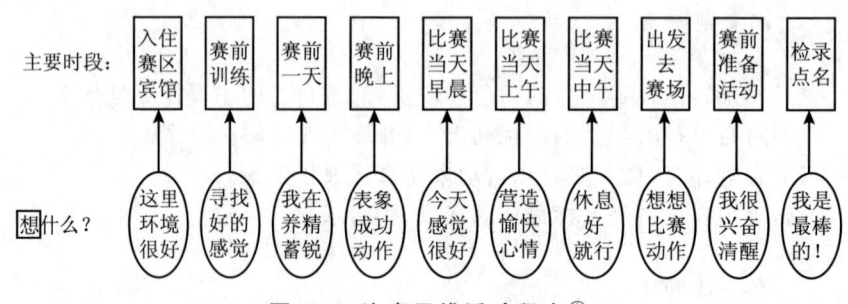

主要时段:	入住赛区宾馆	赛前训练	赛前一天	赛前晚上	比赛当天早晨	比赛当天上午	比赛当天中午	出发去赛场	赛前准备活动	检录点名
想什么?	这里环境很好	寻找好的感觉	我在养精蓄锐	表象成功动作	今天感觉很好	营造愉快心情	休息好就行	想想比赛动作	我很兴奋清醒	我是最棒的!

图 6-4 比赛思维活动程序①

图 6-4 所示的思维活动模式仅供参考,在具体情况下要因人而异来操作,因为不同青少年球员的个性特点、生活习惯是不同的,所以要依据他们的实际情况来对思维活动的内容与方式进行选择,思维活动只要能够调动运动员的积极情绪,使其保持心理稳定,达成最佳心理状态,那么就是适宜的思维内容与方式。

(三)行为活动程序的建立

在赛前不同时间段,参赛运动员的活动有的与比赛有关,有的与比赛无关,这主要体现在他们的个人行为中。青少年球员在赛前应该多做目的明确、效果明显的活动,而且活动应该是有条不紊进行的,从而节省能量,为了达到这个目的,要提前将赛前不同时段要做的事计划好,以防在临近比赛时不知所措,徒增焦虑。比赛心理活动程序也是校园足球后备人才比赛心理准备程序的重要内容,建立模式可参考图 6-5。

---

① 张忠秋. 优秀运动员心理训练实用指南[M]. 北京:人民体育出版社,2007.

第六章 校园足球后备人才的心理与智能素质培养

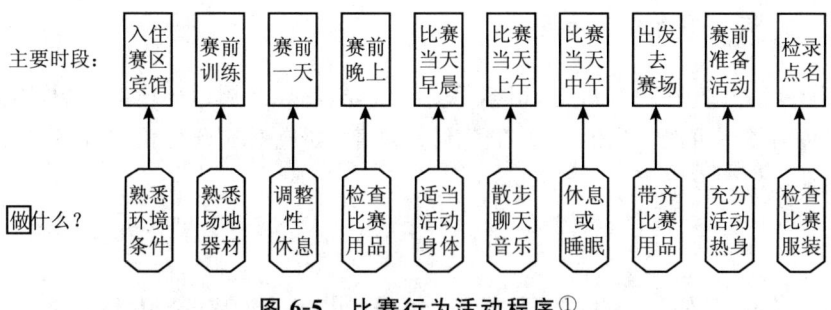

主要时段：	入住赛区宾馆	赛前训练	赛前一天	赛前晚上	比赛当天早晨	比赛当天上午	比赛当天中午	出发去赛场	赛前准备活动	检录点名
做什么？	熟悉环境条件	熟悉场地器材	调整性休息	检查比赛用品	适当活动身体	散步聊天音乐	休息或睡眠	带齐比赛用品	充分活动热身	检查比赛服装

图 6-5　比赛行为活动程序①

(四)心理对策库的建立

"对策库"就是把所有可运用、可操作的策略和办法按所应对的目标和所要解决的问题分门别类、列成体系，以便在比赛中要用到时马上调出。能够把问题想在前面，把对策握在手中，做到在复杂多变的比赛环境下。建立比赛心理对策库的目的是使运动员胸有成竹、情绪稳定、信心百倍地投入比赛。建立比赛心理对策库后，运动员面对比赛中可能遇到的问题或每个必须的准备环节，都有相应的措施、对策、有效行为、词语提示和策略，从而做好全面充分的赛前心理准备。

建立比赛心理对策库，要考虑足球运动的特点、足球比赛的条件以及青少年球员的具体情况。对心理对策库的建立需要由心理咨询师、教练员和运动员共同配合完成，先逐一罗列在此次比赛中可能遇到的问题，然后分析每个问题产生的可能性原因，再寻找解决方案和应对策略，每个问题都应该至少有三个应对方案，以便在比赛中根据实际情况而选用最恰当的方案，"办法总比困难多"就是这个道理。

建立比赛心理对策库，主要有下列两种类型。

1. 程序活动对策库

一场足球比赛的时间比较长，不同比赛时段和环节都可能会遇到特定情境下的一些问题，运动员在不同时段也要完成一些必须做的活动，对此要确定好比赛过程中不同环节应对问题和困难的策略，使青少年球员在比赛中胸有成竹，临危不惧，从容应对困难。

---

① 张忠秋.优秀运动员心理训练实用指南[M].北京:人民体育出版社,2007.

2. 预发事件对策库

足球比赛在户外进行，很容易受到气候、场地及周边环境的影响，因此要提前预测可能发生的情况，制定解决方案，如应对气候变化的方案、应对运动损伤的方案等。

第三节 校园足球后备人才的智能素质培养

智能也是运动员综合素质的重要组成部分，拥有良好的智能水平对于运动员运动水平的提高具有重要的帮助。

一、校园足球后备人才智能训练的方法

随着竞技足球发展水平的不断提高，现代足球比赛对运动员的智力水平提出了越来越高的要求，因此在校园足球后备人才训练与培养中，应在基础体能训练、心理训练的基础上进行智能训练，并将心理训练与智能训练有机结合起来，提升青少年球员的心智水平。在现代足球训练中，智能训练备受重视。青少年足球是中国足球的重要组成部分，青少年足球运动员是中国足球振兴的希望，所以在青少年足球训练中更应该重视训练的全面性，将智能训练融入训练计划中，从小培养足球运动员的运动智能，提升青少年球员的智力水平。下面具体分析校园足球后备人才智能训练的方法。

（一）运动感知能力训练

训练运动感知能力，要利用各种视觉信号让运动员根据视觉反应做各种练习。教练员变化各种视觉信号，如灯光的亮度变化、颜色变化、排列变化等，加强对运动员的视觉刺激，要求运动员根据不同的视觉信号迅速完成不同的技术动作和战术配合。运动员视觉准确性的提高可以扩大视野范围。

青少年球员在比赛场上运用或变化任何一项技术动作，都取决于视觉的深度和广度，只有全面感知客观情况才能正确思维，果断采取行动。因此，在日常技战术训练中要培养球员抬头看的习惯。尤其是在无球训练时

多观察球、同伴、对手的情况。接球前观察场上的情况，然后灵活处理球。足球比赛是在快速奔跑中进行的，因此也要在奔跑练习中培养球员的观察力。

(二) 运动记忆能力训练

足球场上千变万化，年轻球员遇到突发情况时容易不知所措，缺少应变能力。优秀球员善于从训练和比赛的经验、教训中进行总结，主要是为了在今后的训练和比赛中避免同类错误发生，这是其提高足球运动水平的一个重要途径。可见，培养青少年球员的运动记忆能力非常重要。

在记忆力训练中，让运动员有意识地调动大脑中已经形成的动作表象，并配合适当的语言暗示进行训练。这种念动训练方式有利于建立和巩固正确动作的动力定理，加深动作记忆。运动员在训练、比赛之后，闲暇之余可以在大脑中像"过电影"一样回忆训练、比赛中遇到的问题，并自主探索解决方法。

此外，让运动员观看与分析重要国际比赛，从而通过回忆把视频中的精彩表现"再现"出来，加深应用技战术的印象。

(三) 运动注意能力训练

对青少年球员进行注意力训练，可采用的方法有要使队员明确训练任务、培养训练兴趣、严格要求、调整训练难度、保持环境安静等。此外，足球比赛中常常有很多观众，观众欢呼、起哄、加油声震耳欲聋，影响球员的表现，所以在平时一定要加强"干扰式"训练，突破单一的封闭式训练方式，通过模拟比赛气氛来培养球员集中注意力的能力。

(四) 运动思维能力训练

在足球运动中，只有知觉，没有思维的训练，只能是生搬硬套，会限制球员对技术动作的理解和掌握，同时也限制球员技战术的发挥。因此，要开发足球运动员的思维，提升其思维水平。

培养青少年足球运动员的运动思维能力必须从直观的行动入手。青少年球员其年龄特点决定了他们的思维以形象思维为主。要培养他们的操作思维能力必须以一定的足球比赛实战知识和经验作为基础。具体可以通过下面的练习进行培养。

第一,在大禁区前沿练习,防守方 1 名守门员,2 名防守队员,进攻方 3 名队员。要求进攻方队员只能进行一次传球,不能向后传,三人都要触球后才能射门。这个练习可以提高球员的操作思维能力和配合能力。在练习中鼓励球员大胆尝试,通过反复练习来提高球员在门前的操作思维能力。

第二,在 2 对 2、3 对 3、5 对 5 的对抗练习中,给球员提供一个广阔的空间,让球员在这个空间中发挥想象(在基本战术的基础上),也可以随时停止对抗,指出球员的不合理行为,及时纠正。

二、校园足球后备人才多元智能训练模式

(一)多元智能理论

多元智能理论是与智能相关的新理论,提出者是美国心理学家霍华德·加德纳,时间为 20 世纪 80 年代。霍华德·加德纳长期研究智力理论,并指出传统智能理论存在很大的局限性。他认为,人的智能不是单一的,至少 8 种智能存在于每个人的大脑中,而且大脑不同区域都有对应的智能,包括:

(1)语言智能。
(2)逻辑—数学智能。
(3)视觉—空间智能。
(4)身体—运动智能。
(5)音乐智能。
(6)人际智能。
(7)自然认知智能。
(8)自然观察者智能。

以上 8 种智能存在于大脑的不同区域,相对独立,但又密切联系。加德纳深入研究人的多元智能后指出,智能运作有独立运作和组合运作两种方式,一般运用单独的智能很难解决问题,需要将不同智能组合起来共同解决问题。人们都希望可以同时发展多种智能,全面提升自己的智能水平,让自己变得非常聪明,但要使各种智能获得同步发展存在一定的难度,最好的办法是先明确自己大脑中存在的这些智能中哪些是优势智能,哪些是弱势智能,在保持优势的同时优先发展弱势智能,进而实现全面发展。

人们大脑中的 8 种智能每一种都有自己的价值和作用,不能说哪种智能重要或哪种智能不重要,每种智能都很重要,在每个人身上都有发挥重要

的作用,独一无二,不可替代。有的智能单独发挥作用,有的智能与其他智能组合起来发挥作用,这取决于人们运用智能的方式。每个人都有自己比较突出的某一种或几种智能,在这些智能方面有出色的表现,而弱势智能相对隐晦,表现不突出。鉴于不同个体多元智能发展的差异,在校园足球后备人才智能训练中要尊重个体差异,因人而异进行智能训练,重点训练对提升青少年球员竞技能力及比赛成绩有帮助的智能,并带动其他智能共同发展。

(二)多元智能理论在青少年足球智能训练中的应用

校园足球后备人才在训练和比赛中不可能只使用一种智能,球员在训练或比赛中,大脑的运作方式并不那么简单,智能的运作方式是多种多样的,甚至在一次训练中会同时运用8种智能,大脑的多种智能被整合运用到一次的练习活动中,使运动员的潜能得到充分发挥,使其训练或比赛的积极情绪被成功激发,促使其心理和智力处于最佳水平,以达到最佳训练或比赛效果。

不同青少年球员的优势智能可能相同,也可能有差别,鉴于这一客观现象,应在青少年足球训练中对智能训练策略进行具有针对性的选择,从传统单一的智能训练模式中走出来,构建"8合1"的智能训练模式,对青少年球员的积极思维予以启发,根据每个球员的个性特征和智能水平而选择最恰当的训练方式。足球智能训练的内容、方法是多样化的,这由球员本身智能的多元性所决定。

根据多元智能理论,可以建立运动智能训练的基本模型与程序,参考图6-6和图6-7。

三、校园足球后备人才智能训练的注意事项

(1)在日常训练中,灌输给运动员基本的智能理论与知识,让运动员深刻理解智能训练的意义与价值,动员他们的积极思维,启发他们自觉参与智能训练的积极性和主动性。

(2)在进行智能训练时,要根据运动员的文化水平,运动基础和具体实际合理地选择训练的内容,提高训练的专业性。

(3)训练计划要包含运动智能训练的内容,在日常训练中都要涉及,这样运动员就能潜移默化地提高自己的智能水平。

(4)建立一个科学和完善的运动智能测定和评价制度,对运动员智能的评定要结合训练与比赛进行,这样才能得出相对客观和准确的数据。

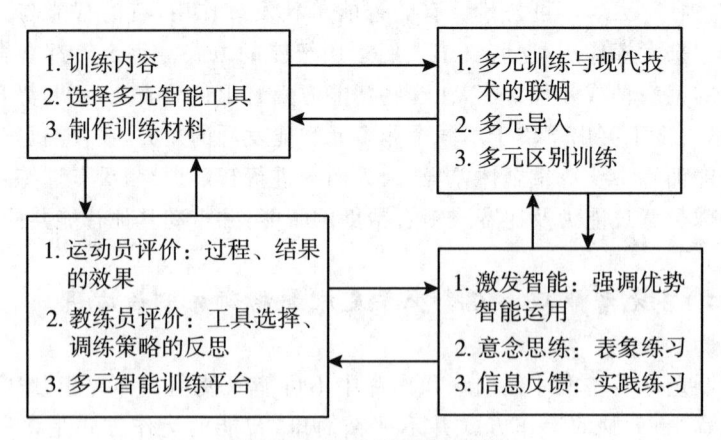

```
┌─────────────────────┐      ┌─────────────────────┐
│ 1. 训练内容         │      │ 1. 多元训练与现代技 │
│ 2. 选择多元智能工具 │←────→│    术的联姻         │
│ 3. 制作训练材料     │      │ 2. 多元导入         │
│                     │      │ 3. 多元区别训练     │
└─────────┬───────────┘      └──────────┬──────────┘
          ↕                              ↕
┌─────────────────────┐      ┌─────────────────────┐
│ 1. 运动员评价：过程、│      │ 1. 激发智能：强调优势│
│    结果的效果       │      │    智能运用         │
│ 2. 教练员评价：工具 │←────→│ 2. 意念思练：表象练习│
│    选择、调练策略的 │      │ 3. 信息反馈：实践练习│
│    反思             │      │                     │
│ 3. 多元智能训练平台 │      │                     │
└─────────────────────┘      └─────────────────────┘
```

图 6-6　智能训练模型[①]

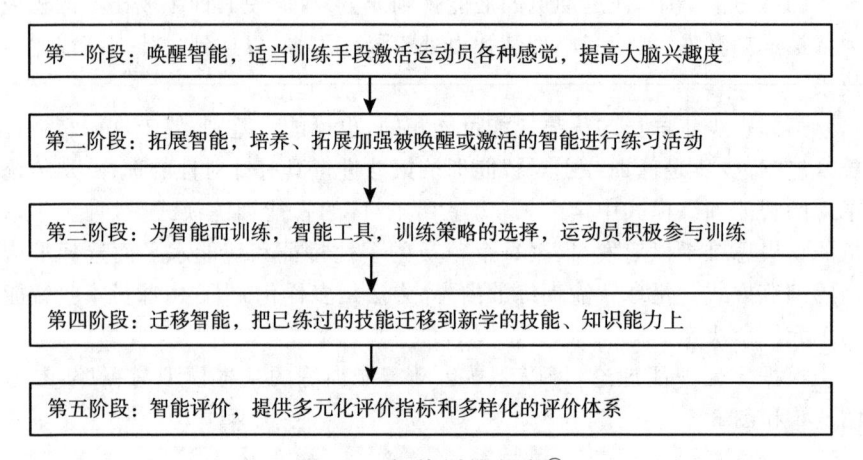

| 第一阶段：唤醒智能，适当训练手段激活运动员各种感觉，提高大脑兴趣度 |
| 第二阶段：拓展智能，培养、拓展加强被唤醒或激活的智能进行练习活动 |
| 第三阶段：为智能而训练，智能工具，训练策略的选择，运动员积极参与训练 |
| 第四阶段：迁移智能，把已练过的技能迁移到新学的技能、知识能力上 |
| 第五阶段：智能评价，提供多元化评价指标和多样化的评价体系 |

图 6-7　智能训练程序[②]

将上述智能训练模型与程序模式运用于校园足球后备人才的智能训练中，要注意加强教练员与青少年球员之间的互动和沟通，建立和谐的人际关系，全面提升青少年的多元智能水平，打破传统智能训练中单一智能的训练局面。在训练过程中，教练员要鼓励青少年发挥自己的潜能，展示自己的个性，将聪明才智运用于训练和比赛中，将身体活动与脑力活动紧密结合起来，用大脑支配行动，提升各项技战术的运用效果，最终提升训

[①] 卢春根，毛文华．高校高水平田径队多元智能训练模式实践研究[A]．中国大学生田径协会．第十五届全国高校田径科研论文报告会论文专辑[C]．中国大学生田径协会：中国大学生体育协会田径分会，2005：3．

[②] 同上．

第六章　校园足球后备人才的心理与智能素质培养

练与比赛成绩。

　　需要注意的是,在多元智能理论下进行足球智能训练,要对青少年球员的个性特点予以尊重,引导不同青少年球员形成符合自身个性特点的智能训练风格,并从不同青少年球员的智能水平出发而对恰当的训练方法进行选用。此外,在智能训练中运用现代信息技术可以营造良好的训练氛围,使智能训练更有诱导性、触发性,提升青少年的适应能力,激发青少年的练习积极性,强化青少年球员运动智能的全面发展。

第七章　校园足球后备人才的技战术素质培养

振兴足球目前已成为全国人民的热切盼望,我国足球正处于快速的发展建设阶段,要想在足球这项运动项目中取得大的突破,需要加强对足球后备人才技战术能力的训练。本章将系统介绍足球技战术理论知识以提升足球后备人才的理论素养,介绍战术能力训练的相关内容,学习世界先进球队的训练方法,最后注重将理论应用于实践,为广大教练员与球员提供足球战术的训练实操,希望通过本章的学习,我国足球后备人才对技战术有更加深刻的了解,改进我国的训练工作,早日实现足球振兴。

第一节　足球技战术理论概述

足球的基本技术是足球的灵魂,也是足球后备人才必须熟练掌握的基本功。对于现代足球而言,足球技术、战术、身体素质、心理素质和足球意识的整体能力决定了足球运动的水平和魅力。然而,足球技术是这些要素的根本,可以说没有足球技术就没有足球运动的一切。

一、足球技术理论概述

青少年作为足球后备人才,肩负着发展与传承足球运动的使命。所有足球发展水平较高的国家都普遍认为,足球后备人才的培养应该着眼于运动员个人能力的全面发展。强调人才培养,强调对运动员进行长期系统的训练,不能急于求成或者揠苗助长。与此同时要对运动员进行人文教育,既要重视运动员的专业水平,又要将道德素养与技术训练相结合,对运动员进行系统全面的培养和选拔。

第七章 校园足球后备人才的技战术素质培养

现代足球讲求全攻全守,作为足球后备运动员需要具备全面的足球技术素养。既能坚守所在位置的职责,又能随着战术的不断调整而胜任不同位置的技术要求,真正做到进可攻退可守的全能球员。同时,作为优秀的足球运动员还应该有意识地发展和培养自己的个人技术特长。比如很多世界著名的足球运动员,他们都有着自己鲜明的技术风格和个人特色,并以此为世人所乐道。

(一)足球技术的概念

足球技术,是指由特定动作结构所组成、并贯穿整个足球活动中的一种基本运动形式,包括技术动作和技术能力。技术动作是指运动员完成某一技术时具体采用的方式方法。技术能力是指运动员运用技术的准确性、合理性以及所掌握的娴熟程度。

(二)足球技术的分类

足球技术可分为无球技术和有球技术。

1. 无球技术

无球技术包括:启动、跑动、急停、转身、跳跃、步法等六部分。
(1)启动
启动分为站立和非站立的姿势,是一个动作的最起初的姿态。
(2)跑动
足球运动员在场上大部分时间都处于跑动中,分为侧身跑、变向跑、变速跑和倒退跑。
(3)急停
运动员随着攻防的进程和比赛节奏的变换,随着各种跑动也需要各种急停切换动作与技术。包括跨步急停和跳步急停。
(4)转身
转身包括前转身和后转身。
(5)跳跃
跳跃分为单脚跳和双脚跳。根据不同情况配合不同的技术动作的需要。

(6)步法

步法分为跨步、滑步或者移步、撤步、交叉步。

2. 有球技术

有球技术是指运动员在进攻或者防守的过程中对足球的各种控制能力。分为一元单项技术、二元组合技术、三元组合技术和四元组合技术。

一元单项技术包括：接球、运球、传球、过人、射门、抢断球技术。

二元组合技术就是将以上技术分别组合，如接球运球技术、接球传球技术、接球射门技术、抢球射门技术、抢球运球技术、断球过人技术等。

三元组合技术就是将三个一元技术组合运用。比如：接球运球过人技术、接球运球传球技术、抢球运球过人技术、抢球运球射门技术、断球运球传球技术等。

四元组合技术就是将四个一元技术组合应用。比如：接球运球过人传球技术、接球运球过人射门技术、抢球过人运球传球技术、断球运球过人射门技术等。

二、足球战术理论概述

(一)足球战术概述

1. 足球战术的概念

足球战术指在足球比赛过程中，运动员根据场上赛况，通过个人的努力或集体成员间的相互配合，为取得比赛胜利采取的各种方法、策略。

好的战术要想充分发挥其效用离不开运动员精湛的技术和良好的体能。选择合理的战术、根据赛况调整和改变战术都是使比赛取胜的关键因素。

2. 足球战术的本质

足球比赛赛况激烈，局势瞬息万变，足球运动员要在有限的时间内发挥自身潜能，将足球知识、技术融会贯通，取得最终的胜利。简言之，足球战术的本质就是在比赛过程中争取时间和空间上的优势。双方球队需要通过一系列的对抗活动为得分创造机会并有效限制对方的活动，防止对手得分，取

第七章　校园足球后备人才的技战术素质培养

得实际的控球权。而在对抗过程中使用合理的战术,让对方暴露可利用的空间,能够在很大程度上实现抓住时间差,顺利进球得分的目的。战术的时空性是运用不同战术(进攻战术、防守战术等)的重要依据,只有在比赛中获得时空优势,才有可能取得最终的胜利。

3. 足球战术的具体特点

随着时代的发展,现代科学技术应用于足球这项运动,使足球战术得到了快速的发展。

(1)对抗激烈

全体球员通过一系列的战术活动争取控球权,期间充满身体冲撞、带球突破、贴身紧逼等不同类型的高强度对抗。据相关数据统计,在战术使用中,对抗性技术占全场技术使用的一半以上,有一半以上的战术通过对抗形式实现。因此,在现今的比赛中可利用的用来创造空间优势的时间被大大缩短,创造空间、时间优势变得尤为困难,比赛的对抗性质也会日渐凸显。

(2)攻守快速转换,比赛节奏多变

球员为了保证防守安全,创造进球机会,需要快速切换各种进攻防守战术,这无疑对球员提出了更高的要求。球员在进行快速战术切换的同时,需要保证自身的控制能力,与球员进行有效配合和维持高技术战术水平。

足球比赛的节奏受到全场球员有球无球活动、快速慢速活动、宽度与纵深规律等各种因素的影响。现代足球运动已实现了由单一节奏向复合节奏的转变,在出乎意料的时刻、地点快速控制球的运动轨迹,将球射入对方球门。

4. 足球比赛中的战术把握

战术把握需要保证攻守平衡、快慢节奏适中、稳健与冒险兼顾、集体与球员的协调等。

(1)保证攻守平衡

进攻战术为射门机会创造条件,防守战术保证少失球。二者相辅相成,与最终比赛的结果密切相关,因此,要争取做到攻守平衡,不忽视任何一方面的内容。

(2)调整比赛节奏,稳健与冒险策略相结合

在足球比赛中,对比赛节奏的控制是非常关键的,而控制比赛节奏的重点在于控制比赛速度。球员抢到球后应快速做出反应,加快进攻速度。若缺乏快速进攻的条件和能力,则应该做到精心布局,稳扎稳打,逐步推进,在

发现对方防守漏洞时果断出击。谁控制了比赛的节奏，谁就占据了比赛的主动权，使对手处于被动境地，有更多创造条件的机会。与此同时，要兼顾稳健与冒险策略，一般在后场防守要稳健；中场伺机而动，视情况而定；前场则应大胆突破，更加激进和冒险。特别是在比赛最后的决胜阶段，比赛的节奏、冒险与稳健相结合的踢法显得至关重要。

（3）协调集体与球员间的关系

若一个球队中拥有天才球员，在战术实施中还应考虑集体与球员之间的关系，使二者融为一体。足球比赛作为一项团队项目，应以集体为主，在集体的基础上，充分发挥球员卓越的个人能力，建设真正的一流球队。

（二）比赛阵型

比赛阵型服务于战术需要和战术目的，属于足球战术的一部分，教练员根据本队球员和对方球员的特点，将球员有序排列在球场的不同位置上。比赛队形则是具体阵型在不同场区中根据比赛形势不断进行调整的人员组合，其变化丰富，灵活性、可操控性强。现代足球比赛中更加强调和追求比赛队形的变换。

比赛阵型不仅需要明确各球员的一般活动区域、具体职责，还需要明确球员间的配合关系、球员与各场线的关系。接下来介绍几种常见的足球比赛阵型。

1."四三三"阵型

"四三三"阵型通常采用 3 名前锋（一般居于场地左右边线位置、中间位置）、3 名前卫（均靠中路，位置有前有后，分居左、中、右位置）、4 名后卫（一般左右后卫镇守两边，中后卫扼守球门），具体排列位置如图 7-1 所示。但各球队在实际运用中的位置排列并不相同。"四三三"阵型的位置变换较为灵活，各球员可在保持球队组织性的同时，根据比赛形势调整站位。此阵型一般利用 3 名前卫和 3 名前锋展开进攻，但此 6 名球员极易受到对手的盯防，因此，后卫的突然插上会对进攻起到极大的帮助作用。后卫需要抓住时机，谨慎插入，而其他球员则需要时刻关注对手的反击补位，必要时为保证防守的稳固，前锋可后撤参与防守。

第七章 校园足球后备人才的技战术素质培养

图 7-1 "四三三"阵型

此阵型的优点是整体的攻守力量较为均衡,阵型变换灵活,中场防守稳固。

此阵型的缺点是突前中锋受双中卫的夹击,攻击力较弱,在左右策配合的边路进攻中,中路包抄力量薄弱。为弥补次缺点,3名前锋球员应有较好的体能和高超的技术。

2."四四二"阵型

"四四二"阵型的具体排列位置如图 7-2 所示。一般情况下,四名后卫中,左右边后卫负责对边路进行防守,从边路上插进行进攻。一名自由中卫,随时进行组织、补位、危急情况下补救。一名中卫专门负责盯住对方的中锋或厉害人物。该阵型在不同球队中的站位不尽相同,常见菱形或前后错位类型。两名前锋是球队的主要进攻成员,像尖刀一样插入对方区域,他们既可在中路相互照应,又可同时向两边后撤,让前卫、后卫上前进攻。阵型位置并非固定不变,不同球队应在实践基础上,探索此阵型的各种变换队形,充分发挥"四四二"阵型的优势。

此阵型常采用两种进攻方式。其一是两名内锋队员向场边活动制造宽度,中场的前后卫向前突进到禁区内,射门得分;其二是充分相信两前锋的能力和技术,在快速抢断后,长传发动进攻。

此阵型在防守方面常采用各球员之间密切配合的密集型防守。

```
              左内锋    右内锋
                  ○
                 右内前卫
             左内前卫
         左边前卫          右边前卫
                 中卫
             左边后卫    右边后卫
                拖后中后卫
                 守门员
```

图 7-2 "四四二"阵型

3. "三五二"阵型

"三五二"阵型以稳固中场著称,是在 13 届世界杯上出现的新阵型。其具体排列位置如图 7-3 所示。

此阵型主要用于对抗"四四二"阵型。"三五二"阵型用三名后卫防对方两名前锋,在中场用五名前卫对抗对方四名前卫,后场和中场区域都在球员数量上占据优势。在进攻时,五名前卫可采取轮流多点进攻,而且从中场直接进攻极大缩短了进攻时间和距离,提升了进攻速度,给对方构成较大的威胁。在进行防守时,两名前卫可从前卫线撤到边路,将阵型转换为"五三二"型。

这个阵型的缺点是当对方球员进行中长传快攻时,大量集结在中路的球员来不及回防,两名边前卫身后的大块区域无人可守,暴露出致命弱点。

4. "五三二"阵型

"五三二"阵型的具体排列位置如图 7-4 所示。与"三五二"阵型相比,此阵型在后方增添了两名后卫,使防守重点向后移动。在进攻时,可将阵型变化为"三五二",使两个边后卫上前助攻,此阵型变化灵活,攻守转换迅速。

此阵型的缺点较为显著,大量球员集中于中场、后场,导致助攻距离较长,进攻速度缓慢。

第七章 校园足球后备人才的技战术素质培养

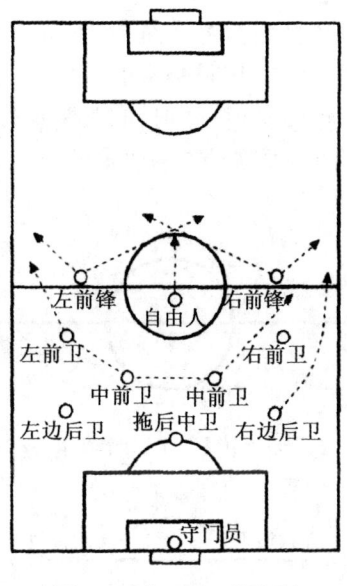

图 7-3 "三五二"阵型

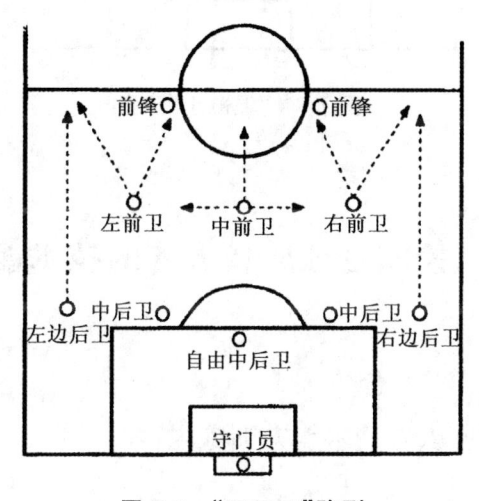

图 7-4 "五三二"阵型

5."混凝土"阵型

"混凝土"阵型由意大利队创建,完全将重心放在了防守上。在所有球员中,位于防守者之后的清道夫起着指挥、组织的核心作用,不管哪个区域被对方突破,清道夫会上前将其补上,清道夫也会留意无人盯防的对手,对其进行围堵。若清道夫暂时离位,其他球员需要立即补上其位。

"混凝土"阵型的具体排列位置如图 7-5 所示。其变化形式多样,当与 1+4+2+4 阵型交锋时,"混凝土"阵型常以 1+1+4+2+3 或 1+1+4+3+2 对垒;当对方采用 1+4+3+3 阵型时,它又常呈现出 1+1+3+4+2 或 1+1+3+3+3 布局,有时,面临对方的攻击性较强,"混凝土"阵型还可排列为 1+1+5+2+2。[①]

图 7-5 "混凝土"阵型

第二节 校园足球后备人才的技术能力培养

一、足球后备人才技术能力训练内容

现代足球比赛,要求运动员在快速奔跑中完成接、控、传、射、铲等一系列的技术动作。有统计数据表面,在一场 90 分钟的比赛中,双方争抢次数达 300 次以上,平均每 10 秒就发生一次对抗接触,如此频繁、凶悍的交锋无疑对运动员提出了巨大的挑战,那么拥有极致精湛、娴熟的技术是一切的前提。

---

① 马冰. 足球实战技巧 技战术图解[M]. 北京:北京体育大学出版社,2004.

第七章　校园足球后备人才的技战术素质培养

对于足球后备人才,技术训练是训练的核心要素。通过长期系统地训练,目的是让青少年循序渐进地掌握全面的足球技术,并且力求发展出自己的技术特长。

以下将从颠球、运球、射门等九个技术环节进行详细讲解。

(一)颠球

颠球是指运动员可以用身体的各个部位连续地触碰球并控制球不落地。颠球是熟悉球性的主要训练手段,通过颠球逐渐熟悉球的弹性、重量、触感以控制用力的轻重。

1. 动作解析

(1)用脚背颠球

动作要领:看准球路并正确地用脚接住落下的球。击球瞬间踝关节保持稳定,用力均匀,切忌用力过猛,始终让球控制在身体的周围。注意刚开始练习的时候,不用在意连续颠球的次数,更重要的是每次都能把球朝着正上方踢准(图 7-6)。

图 7-6　脚背颠球

(2)用脚内侧颠球

动作要领:脚腕向内侧转,用内脚踝略偏下的位置轻轻地颠球,在小腿和地面处于水平的位置把球往上踢,使踢的位置和地面保持水平,同时需要看准球路。连续用脚内侧颠球是高难度动作,从单次接稳开始练习。

(3)用脚外侧颠球

动作要领:脚屈向身体外侧,用脚的外侧面轻轻把球向上踢,踢球的位置应与地面保持水平。注意用脚外侧颠球是非常难的技术,应该慢慢练习才能找到动作要领和体感。

(4)用大腿颠球

动作要领:这个动作相对较为简单,注意膝盖弯曲,尽量用大腿的中心触球,这项技术也常常用于停球。需要注意的是膝盖如果抬得过高,会把颠起的球打向自己的脸,所以大腿应尽量与水平面平行(图7-7)。

图7-7　大腿颠球

(5)用头颠球

动作要领:用头颠球也是相对简单的动作,但是需要强调的是,直到头触碰到球的瞬间眼睛要一直盯紧球的走向,同时保持两臂自然伸展,以保持身体平衡。

(6)用肩膀颠球

动作要领:同样的眼睛需要紧紧盯住球,即便在肩膀碰到球的瞬间也不要转移视线,以保证球是向正上方颠起的。同时保持身体放松。

2.注意事项

(1)颠球的主要目的是锻炼球感,能够娴熟地颠球意味着具有了一定的控球能力。

(2)脚颠球时,注意踝关节收紧用力,不要松弛,否则会造成发力不稳定。

(3)头部颠球时不仅仅是颈部用力,是身体的各部位一起协调用力。

(二)运球

运球是指运动员在跑动的同时,控制球始终在身体的周围并传递给队友或者直接射门。运球体现了运动员的控球能力,它体现了比赛的推进节奏、为传球以及过人突破做准备。正确地运球技术,需要建立在对比赛情势的准确分析和判断的基础上,因此在运球中还应该培养良好的观察能力。

1. 动作解析

(1)直线运球

动作要领:保证球始终在身体的前方可控范围之内。既不能太远而影响控球,也不能太近而降低行进速度。主要以脚背正面和脚背外侧以适当的力度推球。适合于较长距离的直线快速推进,或者以速度突破对手时运用(图7-8)。

图 7-8 直线运球

(2)变向运球

动作要领:运球时注意将身体重心放低,这样在应对多变的对抗情况时可以更灵活。变向时更多的是用脚背内侧和脚背外侧的拨球。当使用脚背内侧推动球时,身体自然地向支撑脚那侧倾斜,运球脚的脚背内侧触球的侧后方中部并拨向斜前方,从而改变了球的运行方向,变向运球。当使用脚背外侧拨球变向时,身体倾斜向支撑脚的一方,运球脚的脚背外侧触球的侧后方中部,将球推向斜前方。

(3)变速运球

动作要领:运球速度会随着场上比赛的情况而随时进行调节。因此控制运球的速度是关键。平稳空气要求推球距离不能太远,力量适当。准备变速时身体重心应降低,并加大推球力量,使球速与自身的跑速相适宜。同时控制球在身体周围可控的范围之内,将球运到目标位置。当速度需要由快变慢时,这时候身体直起或稍稍向后倾斜,以及时制动,同时减轻推球力量,使球速降低并与人的行进速度相适宜。

2. 注意事项

(1)运球时注意跑动步幅不能过大,以防有对手拦截时能灵活应变。

(2)运球脚的力量一定要稳定并且适当,安全控球始终是前提,如果前方一定距离内没有对手阻截,可适当加大推球力度,快速前进。

(3)运球的同时要养成观察场上环境的习惯,兼顾运球和全局的微妙变化。在足球赛场上可谓瞬息万变,激烈异常,因此在一开始学习的时候就养成适应比赛的良好习惯,杜绝一味地低头看球。

(4)运球时除了要把球推进到目标区域以外,同时非常重要的是随时用身体掩护球不被拦截。如果遇到对手跟随,应该及时变化运球的脚,以远离对手的一侧脚运球,同时用身体阻隔对手靠近球。

(三)传球

传球是组织有效进攻、突破对方防线和创造射门机会的主要手段。传球不只是将球传给目标队友,同时要对队友的跑动有预见性的判断,做到准确、安全地将球传给队友。现代足球讲求快速和全攻全守,因此比赛中对传球技术的要求越来越高,除准确性以外,传球的隐蔽性、突然性都提出了新的要求。传球技术还是运动员在比赛过程中的联结纽带,是组织配合的基础。

1. 动作解析

(1)短传

动作要领:支撑脚在球的侧后方,踢球腿以大腿带动小腿迅速发力,以脚内侧或脚背外侧触球的后中部,并以适当的力度推拨球至目标位置。短传无需过大力度,摆腿和脚踝的转动幅度也不大。传球后身体随即调整姿态,准备下一步的接应和配合。

(2)中长传

动作要领:传球时运动员尽量与出球方向形成45°角助跑,支撑脚落于球的侧后方,膝部弯曲,使身体重心下降并稍向支撑脚一侧倾斜。助跑后在支撑脚着地的同时,踢球脚自然后摆并以脚尖带动膝关节向前用力踢球,注意脚尖稍向外转,中、长传主要使用脚背内侧踢球的技术。

(3)头顶传球

动作要领:准确判断来球的高度和落点,并决定起跳的时机和位置。两

第七章　校园足球后备人才的技战术素质培养

脚前后或左右开立,两臂自然张开以保持身体平衡,眼睛始终保持注视来球,当顶球时,两脚用力蹬地跳起,同时收腹、甩头用力迎球,尽量顶球的后上部,这样可以使球尽可能地落于队友的脚下,以便其更好地控球。

头顶传球是处理空中球的主要方法。而且可以争取时间和空间的优势,不待球落地已将球传给队友。

(4)传弧线球

动作要领:弧线球分脚背内侧传弧线球和脚背外侧传弧线球两种。脚背内侧弧线球,踢球腿略带弧线摆动,在踢球的瞬间,踝关节用力向里转并上翘,使球成侧旋沿一定的弧线运行。当传脚背外侧弧线球时,人与出球方向成正面助跑,踢球前,脚跟提起,脚尖着地并内转,踢球瞬间,踝关节用力击球后中部,随后踢球腿向支撑脚一侧的前上方摆动,以加大球的旋转力量。

传弧线球一方面能更快地将球传给队友并组织进攻,另一方面让对方难以断抢。

除此之外,还有转身传球、胸部传球、脚后跟传球等难度较高的传球技术需要在熟练掌握基本常用的技术之后再进一步学习和训练。

2. 注意事项

(1)传球前要观察周围的环境,之后才能对传球的方向、距离、落点等有准确的判断和决策。

(2)不论是短传还是中、长传,都应该追求准确无误、力量恰当。并同时能预判球运行的时间和落点,以及队友接应所需要的时间和位置,传出的球力争做到"球到人到"。

(3)摆腿的摆速、摆幅与传球的距离成正比。摆速越快,摆幅越大,所传的球力量大且距离远。

(4)应尽量保证传球的质量,若条件允许尽力使球在被传出前处于平稳的状态。

(四)接球

现代足球对接球技术有两个方面的要求:一是停球,运动员有目的地运用身体的合理部位将运行中的球停下来,并控制在所需要的范围内。二是将停下的球快速控制并连接下一个技术动作。

接球是为下一个动作服务的,接球质量的好坏直接影响着下一个动作的顺利完成。足球比赛中要求接球动作快速且准确。根据来球的性质、状态不同,接球的部位和方法也不同。

1. 动作解析

(1)接地滚球
①脚底接球。
动作要领:因为脚触球的面积较大,动作简单,是最常用到的接球方式。接地滚球时人向前迎球,接球腿屈膝提起,待接近球时用脚底触球、稳球,并控制于身体前侧(图7-9)。

图 7-9　脚底接球

②脚内侧接球。
动作要领:支撑脚脚尖对来球,膝关节微屈同时此侧肩膀正对来球。接球腿提腿的同时大腿外展,脚内侧正对来球并前迎。当脚触球的瞬间迅速后撤,把球平稳控于脚下。
③脚背外侧接球。
动作要领:支撑腿膝关节微屈,接球腿提起同时屈膝,脚内转时脚背外侧和小腿与地面成锐角,而且正对着接球后球的运行方向。然后脚离地面同时大腿向接球后球运行的方向推送。
脚背外侧接球时摆腿的方向与接球的方向相反,可用于迷惑对手,如果能够与假动作一起使用的话效果更好。

(2)接球转身
动作要领:首先迎球跑动,待快到接近球的时候用接球脚将球停住,支撑脚顺势向前跨一步,并蹬地以制动,紧接着待着地后以脚掌为轴带动身体向后转动180°,此时接球脚以脚背向身体转动的方向推球,从而完成接球转身动作。

第七章　校园足球后备人才的技战术素质培养

（3）接空中球

动作要领：根据来球的高度不同，采用不同的部位接球。可以是头部、胸部、大腿、脚内侧或者脚背正面。注意当遇到较大力量的来球应该先迎后撤。如果用脚内侧接球，要提腿并充分外转，以脚内侧对准来球。如果用脚背正面接空中来球，重心应放在支撑脚上，接球腿脚背正面对准来球，屈膝提腿，当球与脚接触的瞬间，大腿、小腿、踝关节同时放松下撤，以缓冲球的力量，并使球平稳落地。熟练之后，接球时接球腿仅靠踝关节在触球时的放松缓冲也能达到同样效果。

接空中球的时候会根据不同情况选择几种不同部位接球。

①用大腿接球。当用大腿接空中下落球时，以大腿中部触球。同样要做好先迎后撤的动作，在触球的瞬间，接球腿迅速向下撤以缓冲球的力量，同时将球控制在身体前侧。

②用胸部接球。用胸部接空中球分为挺胸接球和收胸接球。挺胸接球时，身体正对来球，两膝微屈，上体稍微后仰，触球时挺胸并屏住呼吸，使球触胸后向前上方弹起，注意在触球的瞬间判断来球的力量大小，并适当后撤以缓冲力量。

收胸接球时，身体稍稍前倾，当球一触胸，迅即收胸、收腹以使球顺势落于脚下（图7-10）。

图 7-10　胸部接球

③用头部接球。头部接空中球时身体稍向后仰，两眼紧紧注视来球，以前额正面迎球，在触球瞬间，头向上轻抬、身体迅速后撤，以缓冲力量。

④用腹部接球。当来球突然且于腹部高度附近时，可以选择腹部接球。同样使用先迎后撤的方式，先挺腹，在腹部触球之后寻找含胸收腹以泄力并顺势将球停于脚下。

2. 注意事项

(1)接球前先判断来球的高度、落点,以此决定接球部位和接球方法。

(2)要主动迎球接球,不要原地等球接球。

(3)接空中球时,如果仅靠一个动作不能达到目的,可以运用其他接球技术配合接球,最终达到平稳控球的目的。

(4)在比赛中接球之后一定紧跟着衔接其他技术以达到进攻或防守的目的,因此在训练的时候就要养成运用技术的同时观察场上情况,这样每个技术的运用都是紧密连贯、有清晰目的的,所有的动作形成一套整体技术过程。

(5)实践中对有些空中来球,没有限定哪个部位接球最好,以最快控球为原则,可以结合多部位接球。

(五)踢球

踢球是运动员有目的地用脚把球踢向预定目标的技术,是足球技术中最重要的技术。主要用于传球和射门。

1. 动作解析

(1)助跑

动作要领:助跑是踢球前起到调节作用的几步跑动。前几步跑小步,为最后一步做铺垫,最后一步要大一些,这一步非常关键,这是为踢球腿能够充分摆动、增加摆腿速度、提高击球准确性以及踢球后制动身体的前冲创造条件。其中,踢球腿的摆幅越大、摆速越快则踢球的力量越大,球的运行速度越快,运行距离就越远。因此,踢球腿摆动动作的质量直接影响着踢球的质量。尤其踢活动球时,在支撑脚落地时,球还在运行之中,要把踢球腿后摆的时间计算在内。

助跑的作用是调整运动员与足球的距离、方向、角度,方便找到踢球时支撑脚的最佳站位,最终给出完美的一击(图7-11)。

(2)脚内侧踢定位球

动作要领:脚内侧踢定位球也称脚弓踢球,其特点是脚与球接触面积大,出球准确而且平稳,相对容易掌握。直线助跑时,支撑脚落在球侧一拳左右,脚尖与出球方向一致,踢球腿用大腿带动小腿向前摆动,同时大腿外展,在膝关节的摆动位于球的正上方时,小腿爆发式摆动,触球之前使脚内

第七章 校园足球后备人才的技战术素质培养

侧所在的平面与出球方向垂直,脚尖微微翘起,脚底与地面平行。

图 7-11 助跑

(3)脚背内侧踢定位球

动作要领:技术结构与前两种相同,细节有所区别。脚背内侧踢定位球常常用于长传球或射门。助跑方向与出球方向成 45°角,支撑脚底积极落地,距离球内侧后至少一脚的距离,在踢球腿做爆发式摆动时,脚尖稍微外转、以脚背内侧击球。

(4)脚背正面踢定位球

动作要领:相比较其他几种踢法,脚背正面踢球由于摆动幅度更大,所以力量也更大,准确性较强,同时因此使得出球方向变化较小。脚尖正对出球方向,当踢球腿的膝关节摆至球的正上方时,小腿爆发式摆动,以脚背正面击球后中部(图 7-12)。

图 7-12 脚背正面踢定位球

(5)脚背外侧踢定位球

动作要领:脚背外侧踢球时脚踝相对比较灵活,摆腿方向可有多种变化,以正常的姿势助跑,所以这种踢法的出球隐蔽性强,在正式比赛中运用于较多情形。

(6)脚后跟踢定位球

动作要领：这是一种出球方向向后的踢法，隐蔽性和突然性很好，但踢球力量小。球在支撑脚的外侧时，踢球脚在支撑脚的前面交叉并摆到支撑脚的外侧用脚跟踢球。球在支撑脚内侧时，踢球腿后摆用脚后跟踢球即可。

(7)脚尖踢定位球

动作要领：一般是支撑腿迅速上步，踢球腿尽量前送，小腿前伸，以踢球腿的最大长度，踢距离身体较远的球。由于出球非常迅速，适合于场地泥泞湿滑的比赛，同时也是一种在门前快速完成射门的技术。

2. 注意事项

(1)助跑时最后一步步幅要大，为踢球腿摆腿留出足够大的空间。

(2)踢球后随着踢球腿的前摆和送髋，身体重心前移，可以控制出球方向，保证踢球力度，随后应注意缓和身体前冲的惯性，并与下一个动作衔接。

(六)抢断球

1. 动作解析

抢断球是指运动员在规则允许的范围之内使用合理的技术和身体部位抢夺控球权，或者破坏掉对手的控球权。从技术上分为抢球和断球两种方法。抢球技术是指球原本在进攻者掌控，变为因防守者由守转攻抢到控球权；断球是指球在进攻者控制时在传球或者射门的运行过程中，被对方控制或破坏。

(1)抢球

动作要领：正面抢球时，放低身体重心以便随时出击，双眼紧盯对手脚下的球，当对手触球脚离球落地或重心已经移至即将落地的触球脚的瞬间，快速跨步并将重心落于抢球腿上，将球封挡在抢球腿的内侧，从而控球。如果双方同时用脚挡球，处于双方夹球的状态，那么可以顺势提脚，在抢球脚不离球的情况下将球从对手脚面滑过，身体重心也迅速转移挡住对手并完全控球(图 7-13)。

抢球时还经常使用晃动身体等假动作，或者假装朝计划实施抢球的相反方向移动，引诱对方做出错误的判断，而制造真正的抢球机会。

第七章 校园足球后备人才的技战术素质培养

图 7-13 正面抢球

侧面抢球时,抢球者降低身体重心并靠紧对方,待对方靠近自己一侧的腿离地时,使用合理的身体冲撞使对方暂时失去身体平衡,从而达到抢球目的(图 7-14)。

图 7-14 侧面抢球

(2)断球

动作要领:处于对手侧面的防守者事先做好降低身体重心随时启动发起进攻的准备,一旦判断出来球的落点,则快速启动,抢站在对方的近侧肩之前并压住对方,用脚或者胸部断抢来球,达到控球目的。

如果是断抢高空球,处于对手侧面的防守者应快速靠近对手并抢先落于对手的侧前方,用力起跳抢顶来球至目标位置。若防守者位于对手后方,则应该抢先起跳并前倾身体令进攻者无法正常起跳,并利用该时机抢断来球。

(3)封堵

动作要领:封堵主要指封堵对方的传球路线,一是封堵最危险的路线,一是封堵对手向前的传球路线。一般是用脚、身体直接挡住,或者通过跳起等方式封堵。注意一般用侧身位并保持一定的距离,不给对方突破的机会。封堵对方前进运球的原则是:放边不放中,放回不放前。

(4)铲球

①正面铲球。

动作要领:当防守者正对持球者时,可用倒地扫铲的方式铲球。当持球者的踢球脚离开球的瞬间,防守者一脚后蹬,同时用另一腿向前滑出以封死对手的一面去路,紧接着蹬地脚横扫球至目标方向,达到破坏持球者控球的局面。

②侧面铲球。

动作要领:当防守者位于控球者侧方或侧后方的时候,也可以通过铲球抢球。当持球者脚离开球的瞬间,防守者靠近持球者一侧的脚用力蹬地,用远侧腿从地面滑出,以脚掌将球铲出。身体倾斜顺着铲球方向倾倒,并以手臂支撑以缓冲力量(图7-15)。

图7-15　侧面铲球

③双脚铲球。

动作要领:当处于较远距离时也可以双脚铲球,这时双脚同时蹬地身体倾斜以双脚铲球,或者单脚蹬地,然后双脚在空中并拢一起铲球。同时注意用双手缓冲着地,并迅速翻转起身,进入下一个动作。

铲球除了可以用于抢球,同时也可用于铲射或者铲传等,只要条件允许可以灵活运用于比赛中。

2.注意事项

(1)抢断球的时机非常重要,过早或者过晚都会错过最佳机会,直接影响效果。

(2)抢断球时双方对抗十分激烈,注意不要犯规和伤害球员。

(七)运球过人

运球过人是摆脱对手、突破防守、组织进攻的重要手段,有时也用来变

第七章 校园足球后备人才的技战术素质培养

化进攻速度或调节比赛节奏。运球过人是运动员用合理有效的运球手段突破对手,或者越过对手。运球过人是进攻过程中的重要手段,需要球员具有特别灵敏的速度、反应能力和协调能力。

1. 动作解析

(1)变向过人
①拨球变向过人。
动作要领:拨球过人一般是运用踝关节的内外转动并拨球以达到转向的目的。一般在拨球前向预备拨球的相反方向运球以诱导对手重心偏离,然后迅速拨球完成过人动作。
②扣球变向过人。
动作要领:扣球过人一般用于需要让球的运行方向发生较大变化的情况。准备变向时,抬起运球腿并向下压,用脚内侧或脚背外侧扣球,使得运行中的球急停或者变向。用脚背外侧扣球叫作外扣,用脚背内侧扣球叫作内扣。
③拉球变向过人。
动作要领:拉球是指用脚掌迅速将球从一个方向向相反方向拖拉的动作。
(2)假动作过人
①虚晃动作过人。
动作要领:当防守者正面抢球时,持球者可用运球脚内侧佯装向左(或者右)拨球,待对手向同侧转移重心之后,迅速用运球脚外侧向相反方向拨球,同时配合身体的虚晃以达到更好的效果。
②跨步假动作过人。
动作要领:当防守者从身后追抢时,持球者可以佯装让球在裆下跨步迈过,做出向跨步方向运球的姿势,同时身体配合向前,当对手做出同方向的移动或重心转移后,迅速向反方向转身运球,把对手抛在身后,实现过人成功。
③速度变化假动作。
动作要领:持球者运球时故意减速,以诱骗对手减速,然后以远离对方的脚突然发力,使球加速运行至稍远的目标位置,完成加速过人。
④假停过人。
动作要领:当防守者多人在侧面追抢时,持球者可用脚在球上做出制动的假停动作,当对手误以为真并随之也减速欲停时,持球者迅速推球并加速向前以摆脱对手。

147

⑤人球分过。

动作要领:在一对一过人并且对手的上半身前倾时使用人球分过技术将十分有效。当确认对手背后空档,同时观察对手的平衡状态,当机立断把球运到对手够不到的位置,然后迅速绕到对手身后继续控球。注意推球的力度非常关键,太远或太近都直接影响运球过人的效果。

⑥克鲁伊夫转身过人。

动作要领:这是在高速运动中的虚晃一脚。运球的同时观察对手的状态,用远离对手的脚虚晃佯装向前踢球,当对手减速的瞬间用刚才虚晃的脚内侧把球向后方推送,稍微屈膝,让球通过轴心脚的脚底,立即转身控球并提速完成过人。

2. 注意事项

(1)运球过人时注意时机要选准,一般选在对手重心不稳或重心转换时进行。

(2)假动作的要领是出其不意攻其不备、"假慢真快",做假动作时要慢,待对手随之做出回应之后,再突然加速或者转向,迅速过人。

(3)运球过人时,需要与对手保持恰当的距离,太近容易被突破,太远动作效果打折,则失去动作的意义。

(八)射门

射门是把握宝贵的得分机会,完成进攻中最关键的技术,射门技术完成的好坏直接决定着进攻的成效。

1. 动作解析

(1)直接射门
①地滚球。

动作要领:地滚球直接射门时,应根据来球的性质选择用脚背正面或者脚背内侧、脚背外侧踢球射门。在上前迎球时应注意留取一定的提前量。射门时上身稍前倾,摆腿适当,击球的后上部以保证出球高度不超过球门横梁。

直接射击侧面来的地滚球时,支撑脚的着地位置同样要留取适当的距离,并预估适当的角度。

第七章　校园足球后备人才的技战术素质培养

②高球射门。

动作要领：高球射门的关键是准确判断来球的落点。踢球腿摆腿时注意上提，踢球的后下部。踢侧身球时身体侧对出球方向，踢球的后中部。跳起背向踢凌空球需要准确判断来球的路线以及落点。选择恰当的时机身体腾空后仰，一条腿上摆踢准球的后中部。对于距离身体较远的平空球，可选择鱼跃顶球射门。以单脚或双脚蹬地起跳，身体呈水平趋势向前冲起，并以身体的冲力顶球射门。选择此方式射门需要注意双手落地保护和平衡身体。对于正前方的高球，可以直接跳起头顶球射门（图7-16）。

图 7-16　高球射门

(2) 运球射门

动作要领：运球射门是指球还在运行的过程中，持球者以一定力量的稍大力度发力射门。需要注意的是因为球还在向前滚动，因此助跑后支撑脚应预估球的滚动距离而落点稍微靠前。当支撑腿着地后，踢球腿大腿带动小腿向后摆动，当大腿基本垂直于地面时，小腿加速摆动，脚尖向下，以脚背正面直击球的中后部。踢球后身体迅速调节至衔接下一个动作。

如果是用脚背内侧或者外侧推球，区别只是人的站位与球需在一条斜线上，所以在运球的最后一步时注意调整角度。

(3) 接球射门

动作要领：接球射门其实是连续完成两个动作，即先接球，再射门，且两个动作之间要流畅娴熟，一气呵成才能达到最佳效果。其要点是迅速判断并选择最合适的身体部位接球，尽量直接平稳控球，同时以身体为屏障隔离对手，并以最快的速度射门。

(4) 任意球射门

动作要领：任意球射门主要是以弧线球完成。注意选择一定的助跑距离，它体现了运动员踢弧线球的基本功以及能否稳定发挥。

2. 注意事项

(1) 射门时往往也是双方争抢最激烈的时候,这时一定用远离防守者的脚射门,以身体掩护控球。

(2) 头顶球射门时出球往往偏高,为提高命中率,可在顶球时略降低目标位置。

(3) 无论哪种射门技术,都需要"快、准、狠",每一次射门时都应迅速决断,把握住稍纵即逝的宝贵机会。

(九) 守门员的技术

守门员是球队的关键角色,一位可靠而拥有威信的守门员可以提高全队的士气。守门员的技术包括准备姿势、移动、接球、扑球、拳击球、托球、掷球和踢球等。其中守门员的接球技术又包括接地滚球、接平直球、接高空球等。可以说守门员的技术好坏将直接影响比赛的结果,同时,守门员的职责不仅仅是守住球队的最后一道防线,还要能组织全队进行有序攻防。

1. 动作解析

(1) 准备姿势

动作要领:守门员的战斗状态是从准备姿势开始的。首先两腿开立,屈膝,上身前倾,脚跟提起,身体重心在脚掌上,两只手臂于胸前,手心向下,眼睛直视前方队员运球的位置。

(2) 站位

动作要领:守门员应该站在能最大限度封挡住对方的射门的位置。理论上应该站在射门角的分角线上。分角线就是射门点和两个门柱构成的角度。一般情况守门员会站在略靠前的位置以缩小射门角。如果射门点距离球门较远,那么来球有可能通过高吊球射门,因此这时候守门员不宜离球门过远。

如果球在对方半场,守门员可以靠前并和后卫保持一定距离。

如果球在本方半场,守门员应站在距离球较远的门柱附件。

(3) 移步

动作要领:在比赛中守门员常常需要扑距离较远的球,这时候就要用到移步的技术,分为侧移步和交叉移步。当需要向左移步时,先用右脚用力蹬地,左脚左移步后,右脚快速跟上。当扑两侧低平球时,常常要用侧移步。

交叉移步用于扑两侧高球或身后高球。如果需要向右侧做交叉移步,身体向右倾斜同时用力蹬地,并向右前方跨出一步成交叉步,然后右脚向右侧移动,双脚依次快速移动并蹬地跃起。

(4)接球

①地面球。

动作要领:接地面球常见的有直腿式(图7-17)和跪撑式(图7-18),直腿式指面对来球弯腰迎球,两腿间距离以能阻挡球通过为原则,两手张开将来球抱收怀中。跪撑式用于向两侧移步接球时使用,如需要接右侧球,右腿屈膝并近乎跪地,双手张开接收来球。

图 7-17　直腿式接球

图 7-18　跪撑式接球

②平直球。

动作要领:平直球是指高度在胸部之下的空中球。接球时上体前倾,双手手指张开手心向上,当手触球时注意微微撤缓冲。

③高空球。

动作要领:这里是指原地接正面高空球,配合单脚或者双脚跳起一起完成。原地接高空球时两只手臂需要向上高高伸起,以两拇指成"八"字的姿势迎球,触球后靠手指和手腕的配合将球紧紧扣住并收于怀中。同时注意准确选择接球点是成功的关键(图7-19)。

图 7-19　接高空球

如果是接身体两侧的高空球,两手臂根据判断来球的高度伸到相应的高度,以离球近的一侧手手心略向前,准备接来球的后部以挡住球的射门路线,另一只手张开接球的上部,两手同样成"八"字做合球状,触球后手腕进口并收回手臂抱球于胸前。

(5)扑球

扑球是当移动身体已经来不及接球的情况下采取的方位手段。可分为原地扑球、跃起扑球、扑脚下球、扑平直球和扑高球几种技术。

①原地扑球。

动作要领:如果扑右侧球,则右脚先用力蹬地,然后身体顺势向右侧倒下,两手臂伸直,一手接球后部,一手接球的后上部,双手合球将球紧紧扣住。注意接球时眼睛始终盯紧来球的路线。

②跃起扑球。

动作要领:以要扑倒的同侧脚先蹬地,身体重心降低并尽量贴近地面伸展,以整个身体阻挡来球射门。

如果是距离较远的空中球,还需要先移步一段距离再跃起扑球。这时候需要守门员有快速且准确的判断力,如果距离判断失误将直接影响扑球的效果(图7-20)。

③扑脚下球。

动作要领:扑脚下球的要点是重心更低,身体横展并力争封角,落地后团身裹球以防脱手(图7-21)。

第七章　校园足球后备人才的技战术素质培养

图 7-20　跃起扑球

图 7-21　扑脚下球

④扑平直球。

动作要领：扑平直球动作类似跃起扑球并注意展体充分，手指及手掌用力抓住球，以防在肩部着地时受地面的冲力让球脱手。

⑤扑高球。

动作要领：扑高球的动作要领是腿先着地，有利于手、手腕以及上肢的稳定控球。

(6)托球

动作要领：托球是指身体跳起向后或侧后倾斜，同时伸展手臂手指张开托球的下部，把球托出球门或改变运行方向。其成功的关键是球运行角度和高度的准确判断(图 7-22)。

(7)拳击球

动作要领：拳击球分为单拳击球和双拳击球。单拳击球时拳头要握紧，手臂摆动幅度越大力量越大，击球时应迅速主动出拳，将球击出。

双拳击球多用于正面来球，双拳的优势是触球面积大，因此准确性高。双拳击球主要靠屈肘后快速出拳的冲力，力量小于单拳击球(图 7-23)。

153

图 7-22　托球

图 7-23　拳击球

(8) 发球

发球是守门员组织和发动进攻时主要使用的技术。优秀的守门员一次发球距离可达 40～50 米之外，是成功率非常高的一种手段。它一般分为单手肩上发球、单手低平发球和勾手发球。

① 单手肩上发球。

动作要领：单手发球时掌心牢牢地扣球，利用后腿蹬地、转体挥臂以及甩腕的力量将球抛出。要点是整个躯体动作协调一致，衔接流畅（图 7-24）。

第七章　校园足球后备人才的技战术素质培养

图 7-24　单手肩上发球

②单手低平发球。

动作要领：与肩上单手发球的动作区别是发球时身体重心降低，手臂位置也随之降低。

③勾手发球。

动作要领：勾手发球利用身体较大的转幅所带来的惯性，因此力量较大，发球时手掌和手指单手扣球于身体的侧后方发力，发球后身体随惯性向前，注意维持平衡（图7-25）。

图 7-25　勾手发球

④踢凌空球。

动作要领：踢凌空球多用于发动进攻反击，本方守门员可直接将球踢至对方罚球区前沿区域，一般使用脚背正面将球踢出。

⑤踢反弹球。

动作要领：踢反弹球是指自抛球落地反弹的瞬间踢球发球的技术。这种球抛物线小，易于给同伴接球。

2. 注意事项

(1)足球比赛是团队行为，需要整体队员的完美配合才能打出高水平的球赛。守门员的技术虽然自成体系，但是也需要熟悉其他技术并有一定程度的掌握，这样在比赛中才能做到整个球队的默契配合。

(2)守门员最常用的是接球技术，对于后备青少年运动员来说，应该加强练习接球手型，避免接球不稳。

(3)守门员无论是接球还是扑球，都建立在对球的运行速度、角度和力量有准确的判断之上。因此除了技术之外，观察能力、反应能力以及决断力都是非常重要的能力。

二、足球技术训练方法

(一)踢球技术训练方法

1. 脚内侧踢球

(1)采用直线助跑的助跑方式，注意加大助跑最后一步的步幅。

(2)支撑脚的位置为球侧，距离足球12～15厘米的距离。

(3)支撑脚落地的同时做前摆动作，由大腿运动的力量带动小腿；踢球腿稍微向外伸展，膝盖微微弯曲，使两脚之间成垂直的状态。

(4)当膝关节前摆到达足球上方的位置的时候，小腿前摆的速度加快，然后用脚的内侧部位击球，同时向前送髋，身体也随着髋部的移动而向前移动。

以脚内侧踢定位球为例，其具体动作如图7-26所示。

2. 脚背正面踢球

(1)采用直线助跑方式，加大助跑最后一步的步幅。

(2)支撑脚采用滚动式落地方式，落地的位置为足球的侧面，距离足球10～12厘米的位置，脚尖的方向和击球的方向保持一直，腿部微微弯曲。

第七章 校园足球后备人才的技战术素质培养

图 7-26 脚内侧踢定位球

(3)踢球腿做后摆的动作,小腿向后弯曲,以膝关节为轴大小腿折叠。

(4)以髋关节为轴,踢球腿利用大腿的力量带动小腿,做前摆动作。

(5)当踢球腿的膝关节摆动到足球的正上方时,小腿以膝关节为轴向前伸展,快速做前摆动作,脚背迅速对准足球的后中位置,用力击球,同时身体前倾移动。

以脚背正面踢定位球为例,其具体动作如图 7-27 所示。

图 7-27 脚背正面踢定位球

3.脚背内侧踢球

(1)从与出球方向成 45°角的位置斜线助跑,助跑最后一步的步幅加大。

(2)支撑脚采用滚动方式落地,落在足球的内侧后方,距离足球大概 20~25 厘米的位置,脚尖指向和出球的方向保持一致,同时支撑腿以膝关节为轴微微下蹲。

(3)支撑腿落地的同一时间,踢球腿由大腿力量带动小腿做前摆动作。

(4)当踢球腿前摆的位置和支撑腿成平行状态时,踢球腿小腿大力加快摆动的速度,同时脚尖向外转动,脚背绷直,用脚背内侧击球。当击球的位置为球的后下部位的时候,球则被踢至空中成为空中球;当击球的位置为足球的后中部位的时候,球被踢出的位置则比较低,一般为低平球或者滚地球。

以脚背内侧踢定位球为例,其具体动作如图 7-28 所示。

图 7-28　脚背内侧踢定位球

(二)头顶球技术训练方法

1. 原地前额正面头顶球技术

(1)确定顶球时机和部位

①队员手中持球,在离墙大概 3 米的地方面对墙站立,双脚一前一后分开。

②开始进行练习时,队员将球向头部上方抛起 1.5~2 米的高度,然后双臂向两侧伸开与地面平行,双腿以膝盖为轴向下弯屈,身体成微微下蹲状。

③视线始终集中在足球上,当足球向下落到和前额平行的位置的时候,站在后面的脚用力蹬地,身体收腹同时做前摆动作。用前额正面击球,击球的部位为足球的后中部位。

(2)抛顶球

①以两个人为一个小组,两人面对面站立,中间的距离大概为 5~6 米,一人手中持有足球。

②进行练习时,一个人向上方抛球,另一人练习顶球。轮流交换,练习内容相同。

第七章 校园足球后备人才的技战术素质培养

(3)连续头顶传球

①以两名队员为一组,面对面站立,中间距离为 3～4 米,一人手中持有足球。

②持球者将手中的足球向上抛起,一人顶球并将球传给对方,对方同样顶球并将球传回来,多次进行练习。

原地前额正面头顶球技术的具体动作如图 7-29 所示。

图 7-29　原地前额正面头顶球技术具体动作

2. 跳起头顶球

(1)跳起后在最高点前额正面头顶球

①三人为一个小组,两人之间的距离为 6～8 米,其中一人手中持球,一人为防守队员。

②进行练习的时候,持球者将手中的球向上抛起,防守队员跳跃拦截,一名队员跳起用头顶球。三人交换位置反复进行练习。

③该训练中队员的起跳方法包含两种:

a. 双脚原地起跳。

准备姿势为双腿稍微弯屈下蹲,将身体的重心下移。之后双脚用力蹬地,借助蹬地产生的力起跳。起跳的同时两臂从肘关节处弯屈,做上摆动作。身体上升的同时双臂朝前自然伸开,展腹挺胸,身体后仰成背弓状,视线集中在来球上。当来球到达前额时,迅速收腹并做前摆动作,用前额击球,击球位置为球的中后部位,双腿做前摆动作。击球成功后,腿部从膝盖和脚踝处弯屈,跳跃两次,缓冲落地。

b. 跑动中单脚起跳。

对来球的路线、速度等因素进行分析判断,并确定合理的顶球位置。通过跑动的方式到达顶球的位置,助跑的最后一步步幅加大,一只脚蹬地起跳,另一只脚屈膝做向上摆动。其余步骤同双脚原地起跳。

原地前额正面头顶球的具体动作如图 7-30 所示(双脚原地起跳)。

图 7-30　原地前额正面头顶球技术具体动作(双脚原地起跳)

(2)前额侧面头顶球

①击球的部位为前额侧面,因此抛球队员在抛球的时候注意使球在空中形成一定弧线,与接球队员保持一定的角度。

②位于来球方向一侧的腿蹬地起跳,支撑腿的前脚掌向着来球的方向旋转并带动身体向同方向旋转,颈部发力向出球方向转头,用前额侧面击球,击球的位置为足球的后中部位。

③其余动作同原地前额正面头顶球。

前额侧面头顶球技术的具体动作如图 7-31 所示。

图 7-31　前额侧面头顶球技术具体动作(双脚原地起跳)

3. 鱼跃头顶球

(1)四个人为一个小组,一人负责抛球,另外三人练习顶球。轮换位置,反复练习。

第七章 校园足球后备人才的技战术素质培养

(2)顶球队员将视线集中在来球上,对来球的路线和落点进行分析判断,确定顶球的理想位置,跑动到理想位置。

(3)单脚蹬地起跳,同时双臂向前摆动,身体跃起,利用身体的水平冲力将球击出。

(4)击球后,两臂屈肘伸手撑地,随后胸、腹和大腿依次缓冲着地。

跃起头顶球技术的具体动作如图 7-32 所示。

图 7-32 跃起头顶球技术的具体动作

(三)运球过人技术训练方法

1. 运球跑动接脚内侧扣球转身

(1)六名队员为一个小组,每人持一球,六人围成一个圆圈站立,两人之间的间隔为 5~6 米。

(2)练习时,六名队员同时向圆心直线运球,当接近圆心时以右或左脚前脚掌为轴转体 180°,膝关节微屈支撑身体,同时用左或右脚脚内侧部位扣击球的后中部,转身运球回到练习起点。

2. 脚背外侧拨球过人

(1)六名队员为一个小组,其中四人为持球队员,成直线站立,另外两名队员为防守队员,与持球队员成斜线站立。

(2)练习时,第一名持球队员向前运球,防守队员从左侧方逼近持球队员,并从持球队员脚下抢球。

(3)在防守队员逼近时,持球队员用右脚从球的右外侧向左外侧斜前方绕过虚晃,并用右脚脚背外侧向右侧拨球过人。

(4)持球队员继续向前运球,第二个防守队员从其右侧方向其逼近,并试图从其脚下抢球,持球队员以同样的方式拨球过人。

(5)各队员轮流交换位置和角色进行反复练习。

3.假踢外拨运球过人

(1)三名队员为一组,其中一人为防守队员,另外两人为持球队员。共需三个小组,小组之间成三角形站立,防守队员和持球队员相对站立。

(2)持球队员直线运球前进,防守队员逼近持球队员并试图抢球。持球队员向两侧做假踢动作,趁防守队员跟着假踢动作移动时,持球队员快速从防守队员移动的相反方向拨球过人。

(3)持球队员完成拨球过人动作之后快速运球到其他队伍后面准备下一次练习。队伍之间、各个小组队员之间轮流交换位置,重复练习。

4.横拉外拨运球过人

(1)六名队员为一组,四名为进攻队员,两名为防守队员。进攻队员中,两人持球站在队伍前面。

(2)进行练习时,第一名进攻队员运球向前,当被防守队员逼近时,踢球脚将球向支撑脚的方向拉近,同时脚随着足球的滚动而移动,当脚到达足球的内侧下方时,进攻队员立刻快速向外侧拨球并继续开始跑动。

(3)第一名进攻队员完成过人练习之后转换到防守队员的位置,并开始进行防守抢球;被替换的防守队员到进攻队伍排队等待练习;第二名进攻队员开始进行过人练习。依次交换位置和角色,进行重复练习。

(四)抢截球技术训练方法

1.正面跨步堵抢

(1)抢球队员两腿前后分开站立,微微下蹲,降低身体重心。

(2)抢球队员不断逼近运球队员,当两者之间的距离仅为一大步的时候,抢球队员瞄准足球落地的时机,位于后面的脚用力蹬地,同时另一只脚迅速向前跨步,并用脚内侧截球。前面的脚做完堵截动作之后,后面的脚迅

第七章 校园足球后备人才的技战术素质培养

速向前迈进。

(3)当抢球队员和两位运球队员同时堵住球的时候,抢球队员要迅速将后面的脚移动到前面做支撑脚,同时用堵球脚护球并快速将球向上提拉,使球从运球队员的脚面迅速滑过。

正面跨步堵抢技术的具体动作如图 7-33 所示。

图 7-33　正面跨步堵抢技术的具体动作

2. 合理冲撞抢球

(1)抢球队员逼近运球队员,与运球队员并肩跑动追求。

(2)抢球队员刻意将身体重心降低,靠近对手一侧的手臂紧贴身体,抓住对方同侧脚离地的时机,用肘关节以上部位适当冲撞对手同样部位,使对手身体失去平衡,趁机将球控制住。

合理冲撞抢球技术的具体动作如图 7-34 所示。

图 7-34　合理冲撞抢球技术的具体动作

3. 正面铲球

(1)抢球队员逼近控球队员,从膝关节处微微下蹲,使自己的身体重心降低。

(2)抢球队员把握控球队员脚接触到球但是还没有落地的时机,双脚贴着地面做滑铲动作将球击出,然后双手扶着地面向一侧做翻滚动作,之后迅速从地面起身。

4. 同侧脚铲球

(1)分析双方距离足球的距离,如果发现对方无法立即接触到足球,则把握时机,使用自己远离足球一侧的脚用力蹬地,借助蹬地的力量使自己身体跃出。

(2)接近足球一侧的脚贴着地面向前滑出,并同时向足球摆踢,用脚背外侧或者脚尖击球,将足球击出,使其远离控球队员。

(3)然后身体向接近对手的方向做翻转动作,双手撑地,快速起身继续接下来的抢截动作。

5. 异侧脚铲球

(1)当发现自己和对手都与足球有一定的距离并且无法用正常的姿势立即接触到足球时,在分析自己和足球的距离的基础上,用接近足球一侧的脚用力蹬地,借助蹬地产生的力使身体向前跃出。

(2)远离足球一侧的脚沿着地面向前做滑铲动作,用脚底部位击球,使其远离对手。

(3)身体一侧着地,顺序依次为小腿、大腿、手,然后用手撑地起身;或者身体向远离足球的一侧做翻滚动作,然后双手撑地快速起身为接下来的抢截动作做准备。

异侧脚铲球技术的具体动作如图 7-35 所示。

图 7-35 异侧脚铲球技术的具体动作

第三节　校园足球后备人才的战术能力培养

一、足球后备人才战术能力训练内容

足球后备人才的战术能力包含多项具体指标，有进攻战术能力指标、防守战术能力指标等。在足球后备人才的战术能力训练中，我国球队应该积极参照优秀球队的训练内容和训练方法，开展进攻防守战术训练、战术意识训练等，使球队具备高度的机动性。

(一)进攻战术能力训练

进攻战术通常分为三种类型，即个人进攻战术、局部球员配合进攻战术和整体进攻战术。进攻战术要想取得成功，需要进行系统的进攻战术训练，重点培养球员间配合的快速度、流畅度、准确度。

1. 个人进攻战术训练

个人进攻战术指单名球员带球突破，越过防守队员的围追截堵，完成全队的进攻战术任务。此战术非常考察球员的个人能力，只有充分发挥个人的创造性，培养过硬的技术能力，保证身心素质的稳定状态，才有可能提高攻守战术的成功率。战术取胜的关键在于以下三点。

①球员能够长时间有效控球，不被对方球员提前破坏或抢下。
②充分利用上肢、下肢的假动作欺骗对手，寻找合适的射门时机。
③跑步速度较快，能够越过对方防守球员，将对方球员甩在身后。

个人进攻战术训练主要涉及跑位、接应、运球突破、射门等多方面的内容。

(1)跑位训练

跑位指无球球员在赛场上进行有规划的跑动，在快速的跑动过程中，寻找时机，为所在球队创造进攻机会的活动。实践证明，在一场 90 分钟的比赛中，每队大约控制球的时间为 30 分钟，每个队员大约控制球的时间为 3

分钟,其他时间都在不断地跑位,由此可见跑位的重要性。① 跑位根据开始时的状态可分为多种类型。

①摆脱跑位或接应:无球球员在有人盯逼时到空当处接球。

②切入或插上:在无人盯逼时跑向有利的空当处。

③扯动牵制或制造空当:在对方盯逼的情况下,把防守者拉开防守位置。

跑位训练涉及的战术内容包括敏锐的观察,选择跑位时机与方向,明确跑位目的等。

①观察力。本球队由守转攻时,无球队员需要时刻把握控球队员的场区位置、无球同伴的活动方向,与此同时,判断对方球员对我方控球球员的抢截与整体布防情况,根据本队特点和攻防任务进行切入、接应或扯动,只有具有敏锐的观察力才能完成以上一系列的操作。

②跑位的时机。跑位球员发现空当后,要注意与传球队员配合的时机,以便能顺利切入空当接球。跑位队员与传球队员要通过目光传递各自意图,根据临场状况,在恰当的时间以恰当的速度跑向预先选择的空当,接住传球队员传出的具有隐蔽性的传球。

③跑位的方向。在罚球区的争夺决定了足球比赛的胜负。因此,全队球员应该积极配合,进行有组织的传球跑位配合,以便在最短时间内把球推到对方罚球区,突破对方防线。跑位的主要方向为向前插入对方的罚球区。跑位队员可以利用向回、向侧跑等手段,扩大进攻面,经过传球的过渡,寻找向前突破的机会切入对方的罚球区。

(2)接应训练

接应训练中需要充分强调距离、角度等相关因素。

①距离。无球与持球队员间的接应距离与所在场区、比赛场的条件、对方的防守压力有着直接、紧密的联系。接应距离的最终选择也离不开球员的个人习惯。

②角度。接应过程中角度的选择应便于传球、接球。接应球员应根据对手的站位对接应角度进行调整,使双方能顺利完成接应。

接应训练通常以两人为一个小组,持球者站在一定点位置将球射向任一方向,无球球员根据足球的射出方位快速跑动以便接球。

(3)运球突破训练

在没有射门机会的情况下,球员主要通过假动作、过人的技术、非凡的速度进行运球突破。控球球员在面临对手紧逼、失去射门机会时,应果段采

---

① 马冰. 足球实战技巧 技战术图解[M]. 北京:北京体育大学出版社,2004.

第七章 校园足球后备人才的技战术素质培养

取运球突破,等待机会。在球门前面临找不到好的传球选择时,应果断采取运球突破,直接射门。在进行运球突破训练时,需要注意以下几方面的内容。

①加强重心移动练习。在运球突破过程中,持球球员需要保持良好的个人平衡并做到重心的快速切换,训练时应加强重心移动练习,使运动员在运球过程中准确把握自己重心位置的变化。

②将控球练习与运球突破练习相结合。运球突破的成功需要以良好的控球能力为前提。

③注重各运球突破技术的灵活运用。

(4)传球训练

传球是全队进攻战术的基础,通过传球能够有效组织进攻,进行战术切换。传球的方法有很多,衡量一个人的传球技能和战术意识通常以传球目标的选择、传球时机的把握、传球力量的控制、最终落点的选择为标准。在传球训练的过程中,需要充分重视上述提到的四个衡量标准。

①传球目标的选择。进攻球员应该根据场上情况将球传到对方防守的薄弱区,通过多次传球把球传到目标区域(图 7-36)。

图 7-36 传球区域与目标区域示意图

②传球时机的把握。同伴有意识并且有极大可能将球传到有利位置的时机是最佳时机。

③传球力量的控制。球员应用适当的力量控制球的运行速度、轨迹。

④最终落点的选择。最终球的落点要准,落点位置的选择要有助于接下来的进攻。

2. 局部配合进攻战术训练

局部配合进攻是最为常见的进攻战术。全队的战术配合是由局部配合组成的,局部配合是球队进攻战术的基础,在开展进攻战术训练时,应该把局部配合进攻训练放在非常重要的位置。

　　局部配合一般指 2～3 人的小组配合,其中二过一配合几乎出现在任何一场足球比赛中。局部 2～3 人的默契配合反应了战术配合的质量,体现球队战术配合的水平。

　　在两人配合的基础上,出现了三人配合的形式。三人中其中一名无球队员进行拉空,混淆对方视线并给另一名本球队无球队员利用空当创造机会,持球队员把握时机,及时传球给无球队员,给予致命一击。此战术需要把控好传球的时机,看重运动员之间的默契程度。

　　接下来介绍部分局部配合进攻战术的训练内容。

(1)交叉掩护配合训练

　　交叉掩护配合指两名进攻球员在局部区域内交叉换位时,以身体为掩护,越过对方防守球员的方法(图 7-37)。交叉掩护配合训练要求两名进攻球员积极呼应,形成默契,充分发挥一对一的能力,注意观察球和对手的位置。

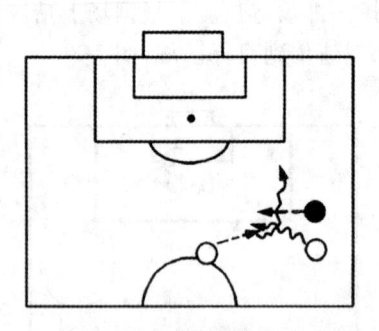

图 7-37　交叉掩护配合示意图

(2)传切配合训练

　　传切配合指控球球员将球传给切入的进攻球员的方法。传切配合训练一般包括局部传切配合训练和长传转移切入训练两种。

　　①局部传切配合训练。按照不同的传切路线可分为斜传直切二过一和直传斜切二过一(图 7-38)。局部传切配合训练需要两名球员保持距离,控球队员要利用各种假动作给对方球员造成错觉,切入的进攻球员需要在不越位的情况下,保持动作敏捷、迅速。

　　②长传转移切入训练。当一侧进攻受阻时,持球球员长传将球转移到另外一侧,切入球员到位接球,展开进攻(图 7-39)。

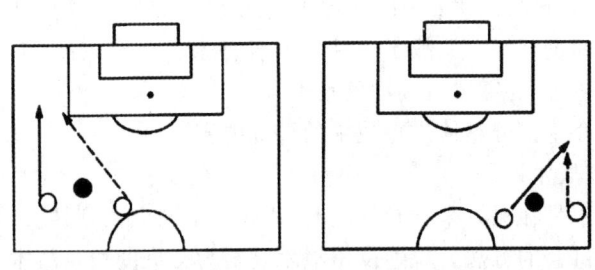

图 7-38　斜传直切二过一(左)和直传斜切二过一(右)

图 7-39　长传转移切入示意图

3. 整体进攻战术训练

整体进攻战术指全队球员为获取比赛胜利采取的各种进攻行动、方法的总称。在 2006 年的世界杯比赛中,多个优秀球队采用熟练的整体进攻战术战胜了对手。球队的整体实力与本球队的战术文化、集体力量密切相关,足球后备球员战术能力的提升离不开对整体进攻战术进行训练。优秀的足球运动员必须要了解和掌握先进的整体进攻战术。

目前,我国足球队的整体进攻战术训练计划性不强,缺乏系统性。教练员对战术打法不明确导致球员像无头苍蝇一样,在比赛过程中缺乏有组织的战术配合,球员之间不成熟,不默契,没有自己球队的特色。

一次完整的进攻包含三个阶段:发动阶段、发展阶段、结束阶段。常见的整体进攻战术有三种,分别为密防反击进攻战术、逐步进攻战术、压迫式进攻战术。

(1)密防反击进攻战术:大量球员把守在后场进行密防,再等待合适的时机,达到偷袭成功的目的。此方法常见于弱队与强队的比拼或进球方旨在保住领先优势时使用。

(2)逐步进攻战术:球员间通过密切的短传配合,向前慢慢推进,从后场到中场再到前场。

(3)压迫式进攻战术:在中、前场投入较多人力,在前场积极抢断球,提升射门次数和进球率。此战术对球员的各种素质要求较高,不仅需要有较高的体能和意志,还需要有高超的技术。

接下来介绍部分整体进攻战术的训练内容。

(1)快攻战术训练

快攻战术是在对方来不及反应时,用极短的时间由守转攻,通过快速配合创造进球机会的方法。快速反击战术是最为常见的快攻战术。通常是指当乙方被甲方压制时,甲方后场出现较大空当,乙方抢球成功后,抓住时机,快速进入甲方后场空虚区域,进行突然袭击。快攻战术通常要做到出其不意,其战术训练主要采取以下三种形式。

①守门员快速传接训练。当对方球员压在我方球门前时,守门员找准时机获球后,迅速用脚将球踢给对方后卫线附近的我方进攻球员,或用手将球抛给处在中场的我方球员,守门员的快速反应能为球队带来快速进攻的机会。

②快速截球训练。球员在中前场快速截下对方球员脚下的球后发起突然进攻。

③快速罚球训练。在获得任意球机会时,进行快速罚球也是创造快速进攻机会的好办法。

(2)阵地进攻战术训练

①边路传中训练。边路传中的进攻从对方半场两侧发动,并将球传到禁区内制造射门机会。边路传中训练需要锻炼球员抓住以下时机。

a. 对方禁区内有较大空当出现时,我方球员顺利切入禁区内部。

b. 我方球员包抄到位。

c. 对方球员快速出击但没有进行合理位置选择。

d. 突破边后卫防守,而中后卫还未及时赶到封堵传中路线。

②中路渗透训练。中路渗透训练涉及中路渗透的三种形式。

a. 前场发动进攻:利用前锋回撤后形成的空当实行反切插入,或由前卫、后卫插入。

b. 中场发动进攻:前卫队员在中场采用短传配合的方式发动进攻,并使用多种"二过一"战术攻破对方防守。

c. 后场发动进攻:主要包括守门员发动进攻和后卫发动进攻两种。

③中边转移训练。中边转移能够有效打乱对方防线,赢得进球时机。通常情况下,球队将大量攻守球员放在中路,阻碍中路渗透的进攻,因此,中路进攻在受到阻碍时,应及时向边路转移,再由边路突破转向中路进攻(图7-40)。

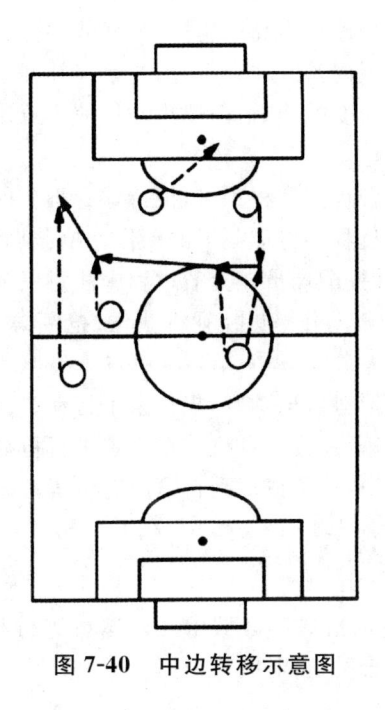

第七章 校园足球后备人才的技战术素质培养

图 7-40 中边转移示意图

(二)防守战术能力训练

防守战术通常分为个人防守战术、局部防守战术、整体防守战术。相关战术能力的提升需要分别开展不同类型的训练,涉及不同的训练内容。

1. 个人防守战术训练

个人防守战术的关键在于防守队员进行选位和盯人。其成功取决于盯人的及时性和准确性。

(1)选位训练

选位指防守球员对场上局势进行分析后,选择恰当的防守位置的动作。选位要求防守球员在本队失球后迅速回位,站在对方进攻球员与我方球门的连线上。合理的选位有助于个人实施防守行动,有助于整体布局的合理性。在选位过程中,最看重球员由进攻转向防守的转换意识和整体防守意识。

(2)盯人训练

盯人指在合理选位后,防守球员采用各种方式限制对手的活动,对对手实行严密监控的动作。盯人训练中应该提醒盯人球员注意以下几点内容。

①在盯人时应保持注意力高度集中,最好能够做到提前干扰被盯者。
②除了在固定区域内紧盯住对手外,要培养补漏意识。
③提升自身随机应变的能力,谨慎小心地使用抢截技术,减少失误。

(3)抢截训练

抢截指防守者综合运用多种手段,把持球者脚下的球破坏掉或抢过来,或在对方进行传球的过程中将球截下的动作。抢截训练应该注重激发球员的攻击性与主动性,并提醒球员在抢截过程中注意以下几点内容。

①不同类型的抢截动作(包括前断截球、抢断球等)应与具体场合相适应。
②抢截前对场上形势做出预判,规划未来行动。
③抢截切忌犹豫不决,错失良机。在决定进行抢截行动时果断出击,一旦抢截失败,应迅速进行追抢或回到自己原有位置上。

2. 局部配合防守战术训练

局部配合防守战术指局部区域中几名球员进行相互保护、夹击、围抢等。其成功取决于配合的协调性。

(1)保护训练

保护指在同伴对对方球员进行防守时,利用自己的有利位置协助其防守的活动。保护不仅为同伴提供行动上的支持,还促进同伴在没有顾虑的情况下全力逼抢。若同伴顺利将球夺回,保护队员能快速接应,发动进攻。若同伴没能将球夺回,保护队员也能够阻碍、封堵对方的进攻。在保护训练过程中应采用斜线站位,保证我方防守战线的稳固。

(2)补位训练

补位指同伴在防守中出现漏洞时,防守队员及时采取弥补措施,进行协同配合的活动。在补位训练中,教练要着重强调以下几点。

①防守队员需要对场上队形保持关注,避免我方球队在危险区域内出现空当。
②充分了解我方防守队员的实力,在防守队员能追上对手时,无需采取补位措施和交换防守。
③找临近同伴进行补位,限制补位球员的数量,避免阵型混乱。

(3)围抢训练

围抢指在局部区域进行防守时,多名防守球员同时参与对对方控球队员的围堵、抢断等。在球场中,实施围抢最有利的位置在半场的两底角和中场的边线附近。进行围抢训练时,教练员需要强调以下几点。

①在局部区域防守人数占优的情况下实施围抢,要保证各防守球员的

第七章　校园足球后备人才的技战术素质培养

战术思想统一。

②把握围抢时机。在对方球员进攻速度缓慢、局部配合过多时组织围抢。或在对方球员缺乏接应球员和合适的传球路线时组织围抢。或在守方门前进行运球、射门时组织围抢。

3. 整体防守战术训练

整体防守战术分为以下三种类型。

(1)盯人防守：场上一名球员紧盯一个对手(除拖后中卫外)，不给对方球员进球的机会。

(2)区域防守：每名防守球员负责一块固定区域，一旦区域内进入对方球员，就将其死死盯住。但此战术不适用于同一时间有多名球员进入同一区域的情况。

(3)混合防守：盯人防守与区域防守相结合。在足球比赛中，通常要对中间要害区、持球人进行重点关注，采用盯人防守。对其他区域和非持球人进行区域防守。拖后中卫则多采用保护防守。

整体防守战术训练可采取七人区域无对抗的防守练习或有人对抗的盯防练习，后者一般指六攻七练习，进攻方利用套边、灵活跑位进行进攻；防守方积极抢断。

在整体防守战术训练过程中，需要注意以下几点。

(1)充分利用人盯人防守战术培养每位防守队员的个人作战能力。

(2)培养防守球员的默契度。区域或整体防守极其重视防守队员的配合、强调整体感。

(3)通过一系列的奔跑、逼抢练习增强防守球员的体力素质。

(三)战术意识相关训练

战术意识反映了足球运动员在运用战术时的心理活动，体现了人的思维意识、战术思维能力、战术设定。战术意识作为一种宝贵的经验，起着反馈、支配的作用，能够帮助球员在比赛过程中根据实际情况选择战术，充分发挥战术能力。足球运动员的战术意识是在长期专门的训练过程中培养起来的，需要不断进行意识上的训练。

可采取以下几种方法培养足球后备人才的战术意识。

(1)观看比赛录像。教练员应注重对经典比赛的分析讲解，组织运动员和足球后备人才观看比赛录像，从中总结出有效的战术方法，把握顶级球员的战术意识，激发自身的战术思想。

(2)鼓励球员理解战术,发挥战术水平。足球运动员需要经过一次次比赛的磨练,逐渐形成自身特点并进行创造性的发挥。教练员应在意识训练过程中鼓励运动员多多进行即兴发挥,多思考、多动脑,寻找问题,解决问题。鼓励提出多种有创造性的配合战术,再因势利导,使球员理解战术的基本原则。面对违反战术要求的运动员,应该耐心听其想法,告知其错误之处;面对呈现出精彩配合的运动员,应该加以表扬,带领全队认真分析,培养好的战术意识。

二、足球战术训练方法

(一)足球战术对抗性训练方法

1. 向空当传球

(1)训练方法

在边长为12米的正方形场地上练习,4名练习者作为进攻方围成大圆圈相互传接球,两名练习者在圈内作为防守方抢截球,传接球出现失误的进攻者和其中一名防守者交换位置练习,或者球被防守者截断后与该名防守者互换位置继续练习,如此反复交换练习。

(2)训练要求

①进攻者传球后时刻做好接球准备,除了要原地接球,还要在制造出空当的情况下进行空当接球。

②传接球时既要对球的位置进行判断,又要对防守方的位置进行观察,要兼顾二者。

③防守方抢截球一定要积极主动,同时两名防守练习者要相互保护和配合对方。

④随着训练水平的提高,减少进攻者人数,并对进攻者的触球次数做出规定。

2. 一对一对抗

(1)训练方法

练习场地为长15米,宽10米的长方形场地,将一根旗杆放置在场地上。两名练习者分别为进攻队员和防守队员而进行练习。进攻者灵活控

第七章　校园足球后备人才的技战术素质培养

球,用球将旗杆击倒,在这个过程中防守者将各种防守方式利用起来阻止进攻者成功击旗杆,所以进攻者既要控好球,又要灵活运用运球过人和摆脱防守的技术。两名队员互换角色反复练习。

(2)训练要求

①多名队员两两一组共同练习,累计分数,提高训练的对抗性和趣味性。

②进攻者和防守者尽可能将自己的优势技能发挥出来,善于观察对方的弱势,以强攻弱。

③防守者人盯人严密防守,进攻者用过人技巧摆脱防守。

3. 二过二配合

(1)训练方法

练习场地内设置一个小球门,6名队员参与练习,两两一组,分为进攻组、防守组和守门组。教练员开球,进攻者采用传切配合战术向球门射球,只能在前场和中场完成射门,在这个过程中防守组积极防守和抢截,如果进攻组成功射门,则与守门组互换位置练习,如果球被防守组截断,则进攻组由攻转守,防守组由守转攻,继续练习。

(2)训练要求

①练习者对战术意图要有深刻的理解,要将二过一配合方式灵活运用起来,把握好射门时机,巧妙摆脱防守。

②不管是防守方,还是进攻方,亦或是守门组,都要灵活应变,不能太死板机械,要提前设计好行动方案,至少两套方案,以根据实际情况而选用。

③提高人盯人防守的效率,避免防守失误。

④队员紧密配合,做好呼应。

(二)足球战术组合训练方法

1. 斜传直跑

(1)训练方法

如图7-41所示,两名队员站在起点线,相互间隔10米左右的距离,练习距离为40米。非持球者向终点方向沿直线轨迹跑动,持球者向同伴斜传球,同伴接球再斜回传,如此交替传接球跑完40米全程,然后按同样的方法返回起点。

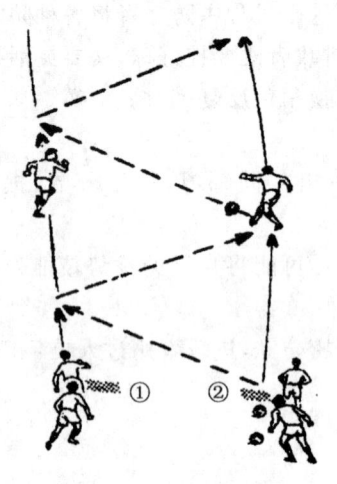

图 7-41　斜传直跑[1]

(2)训练要求

①传球者要将传球的方向、角度和力量控制好,要根据同伴的位置来传球,斜传角度以 40°左右为宜。

②在跑动中传接球时有意识地做一些摆脱动作,以培养良好的摆脱防守的意识和习惯。

③采用多种踢法完成传球动作,刚开始放慢速度和节奏,熟练后加快速度,跑动中完成高频率的传接球。

④在练习场地放置几根相互间隔 8 米左右的木杆,以对传球方向和角度加以控制。

2. 直传球斜线跑动

(1)训练方法

三名练习者围成一个三角形,如图 7-42 所示。①号练习者向②号练习者直传球,传球后向②号位置快速斜线跑,②号练习者横向跑动接球,再向①号位置直线回传球,传球后再向③号位置斜线跑进,③号练习者横向跑动接②号练习者传来的球,然后再向对面的①号练习者直线传球,①号练习者横向跑动接③号练习者传来的球,如此反复练习。

---

[1]　于泉海,斯力格. 青少年足球训练及教育指导[M]. 沈阳:辽宁大学出版社,2009.

第七章　校园足球后备人才的技战术素质培养

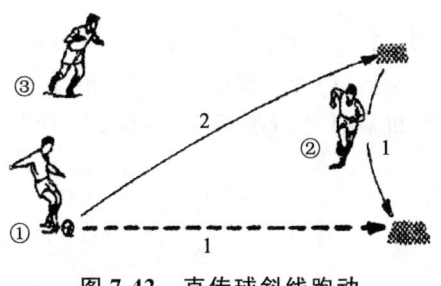

图 7-42　直传球斜线跑动

(2)训练要求

①传球者要将传球力量、传球方向控制好,根据接球者的位置而合理传球。

②传接球的过程中要有摆脱的意识。

③两脚交替传球,采用多种方式传接球。

④为提高练习者的方向感,可将练习场地安排在罚球区横线附近。

3. 二次跑位反切跑动

(1)训练方法

如图 7-43 所示,两人一组站在球门线处,相互间隔 8 米左右的距离,持球者向正前方直传球,同伴快速斜线跑动接球,二人交叉换位,同伴接球后继续向前直传球,之前的传球者快速反切跑接球,如此交替传接球。

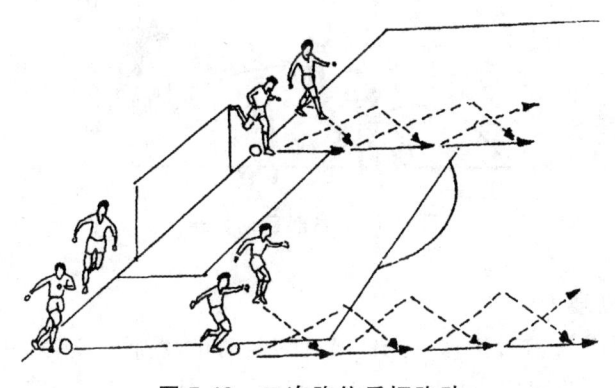

图 7-43　二次跑位反切跑动

(2)训练要求

①跑动传接球的过程中要有摆脱的意识,养成好的习惯。

②将传球力量控制好,两脚交替用不同方式传球。

③将反切跑的时机掌握好,突然反切,传球给反切队员前先做假动作。

4. 局部反切配合

(1)训练方法

如图7-44,三名练习者在中线附近的站位基本平行,②号练习者给边线的①号练习者横传球,传球后向外侧边线斜线跑动,①号练习者接球后给③号横传球,这时②号练习者急停向里线反切,③号练习者跑动接球后立即给②号练习者传球,②号练习者接球后直接射门。三人互换位置反复练习。

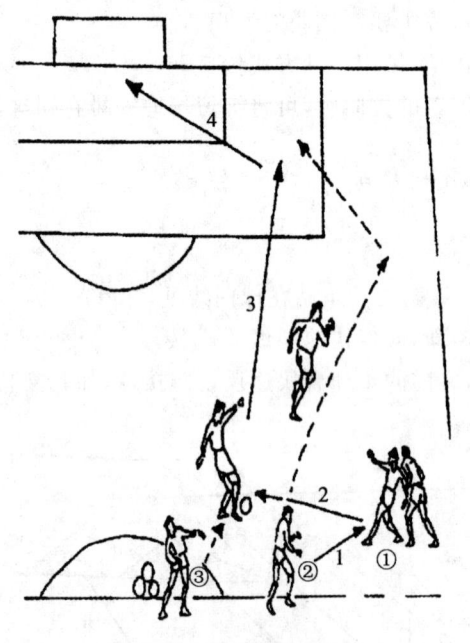

图7-44 局部反切配合

(2)训练要求

边线①号练习者接球后先做逼真的假动作,然后给③号练习者传球;②号练习者要将内切的时机掌握好,突然跑动,把握好节奏;②号练习者内切跑动到将要与①号练习者站位平行时,③号练习者伺机跑动准确完成传球任务;分组练习,提高对抗性。

第八章　校园足球后备人才培养与发展的后勤保障

相对于众多的体育运动,足球运动是一项高强度、高对抗的体育活动,更需要科学方法和手段来指导和处理。本章主要介绍了一般的营养知识,使人们能通过合理膳食来保持足球运动后的较佳体质状态;通过对运动疲劳产生原因的分析,引导人们在足球运动后根据自身的身体状况提高自我的健身意识;通过对必要的运动损伤及处理的相关知识介绍,以期人们能最大限度地避免在足球运动中出现恶性事故,并能对一般的损伤进行必要的处理。

第一节　营养保障

这里的营养是指人体从外界消化和吸收身体所需的物质,维持足球运动所需的营养,促进从事足球运动的人们的体质健康,同时增强其运动能力。对于足球运动员来说,合理的营养是指在进行大运动负荷的训练和比赛时所需要的液体、营养素以及能量物质,也可以指在不同环境、不同身体状态下从事足球运动时所需适当补充的饮料、营养品和多种食物。

一、膳食与足球运动

营养素指碳水化合物、蛋白质、脂肪、维生素、矿物质、微量元素、膳食纤维和水,每天通过食物进入我们人体。

(一)膳食的合理构成

1. 谷类

谷类是指小麦、稻米、玉米、小米、大麦、燕麦与黑麦。谷物主要为碳水化合物和一部分蛋白质。

2. 蔬菜和水果类

蔬菜为人体提供各类矿物质和微量元素,包括钾、钙、镁和铁,海洋中的植物还提供大量的碘;水果有特别的色、香、味,能提供丰富的维生素C,跟蔬菜一样其纤维可增加肠道蠕动,有利于人体废物和有害物质的排泄。

3. 鱼、肉、禽、蛋类

鱼类包括淡水鱼和海洋鱼。淡水鱼大多含有小量的结缔组织和胶原纤维,肉质较嫩,易消化;海洋鱼含有不饱和脂肪,有较高的热量。肉类泛指畜禽类肉,一般指动物的肌肉,肉类往往含有不同程度的脂肪和胶原纤维,能提供人体各种氨基酸,是优质的蛋白质,其中还包括一些矿物质和微量元素,容易被人体的酶所消化而吸收利用,对人体新陈代谢作用很大。禽类的蛋和肉类一样含有较高的营养价值,由于是禽类的胚胎,含有人体必需的各种营养,是最方便食用的天然食物,适合多种人群。

4. 奶类和豆类

乳制品、豆制品等食物中富含蛋白质和维生素,平时的食物摄取中一般都能满足运动员机体的需求。

5. 油脂类

油脂是油和脂肪的统称。在室温下呈液态的叫油,呈固态或半固态的叫脂肪。油脂是人体重要的供能物质,并能在人体内储存起来,成为维持生命活动的备用能源物质。

足球运动员通常在膳食中增加的谷类用于更多的能量消耗;蔬菜类、水果类及饮料的增加,用于补充更多营养素,满足补充体液和调节人体物质代谢的需要;肉类、奶类等增加,是为了补充在足球运动中流失较多的蛋白质等所需。

(二)膳食平衡注意事项

1. 保持营养素和热量的平衡

膳食平衡主要指的是营养素的摄入要均衡,能满足机体的各种需求。我国的营养学会还特意制定了符合我国国民习惯和特点的每日营养摄入标准。运动员在参加运动训练时,营养的摄入一定要充足,同时还要根据自身的具体情况合理地调整营养素的摄入,使营养的获取达到一个平衡的状态。运动员参加足球运动训练,运动量一般都比较大,因此补充充足的营养是非常重要的。在各种营养素的摄取中,糖、蛋白质、脂肪等"热量营养素"尤为重要,一定要进行合理的补充。

2. 保持酸碱的平衡

每一名运动员都是不同的,其身体素质都存在着一定的差异,不同人体的酸碱度是不同的,通常情况下,这些酸碱度保持在一个平衡的状态,如果膳食搭配不佳就有可能打乱这一平衡状态,导致人体酸碱失衡,这对于人体的健康是十分不利的。运动员长期参加运动训练,身体会产生过多的酸性代谢物,这些代谢物对人体的健康有一定的危害,会给人体带来一定的疲劳感,容易致使人体出现疲劳现象,甚至可能引发运动损伤。因此补充一定的碱性食物是十分有必要的。

二、运动的能量物质及补充

(一)三大运动能量物质

碳水化合物、蛋白质、脂肪被认为是三大能量物质,运动员在足球运动中三者需按一定的比例摄取。碳水化合物相对来说是最佳的能量物质,可以促进肌肉的收缩和恢复,三大能量物质的相互调节能够优化神经与肌肉的配合,便于运动员在足球运动中完成各种技术动作,实现战术意图。

1. 碳水化合物

碳水化合物的种类很多,其中单分子结构的葡萄糖,能快迅地进入血液,引起体内胰岛素增高。葡萄糖是肌肉活动的主要燃料,所以,包括足球运动员在内的大负荷运动的参与者尤为对此关注。此外,有氧糖酵解产生的 ATP(三磷腺苷)更多且反应速度更快,即提供能量的效率更高。但碳水化合物在体内不像蛋白质和脂肪那样容易储存,因此,运动员如何在足球运动中补充碳水化合物,便成为一个非常重要的技巧。

2. 脂肪

应该承认,脂肪在体内是高浓缩的燃料,但由于不是高效的能量物质,过多地摄入对从事足球运动的帮助并不大,而且容易使身体体重超标。足球运动员需摄入一定的脂肪,以确保体内充足的能量和营养摄入,脂肪通常在足球运动中贡献30%以上的热量,维生素 A、D、E、K 也必须借助脂肪才能被吸收,人体自身无法合成的某些必需脂肪酸也需要适时补充。一般认为,长时间进行运动强度低的有氧运动,脂肪燃烧的比例就越大。选择足球运动,进行长时间而间歇性的大强度运动,可以合理地消耗体内的脂肪。

3. 蛋白质

蛋白质进入人体后变成氨基酸,才能合成身体所需的特定蛋白质而被吸收,同时,在人体内的碳水化合物、脂肪不能满足能量供给时,也可以提供能量,生成所需的碳源。

(二)能量物质的补充

1. 能量物质消化吸收的时间

能量物质的补充,一般来源于饮食,而饮食的分解和吸收需要有一个健康的消化系统。食物从口中进入,首先到了胃,低脂肪食物会在2个小时内排空,而高脂肪食物会在10小时后排空。水在胃里只停留十几分钟;小肠是消化和吸收胃里被液化食物的场所,历时2小时,与胃清空食物过程同步进行;经小肠消化吸收的残渣,进入大肠再吸收,停留时间一般为18~30小时,如果没有适量的纤维,停留的时间会更长。足球运动的大强度训练和比赛,须在胃排空的情况下才能进行。

2. 能量物质补充的策略

运动员参加足球训练和比赛会消耗机体大量的能量,因此在运动中适

第八章　校园足球后备人才培养与发展的后勤保障

当增加能量是十分必要的。能量物质的补充可遵循以下策略。

(1) 运动前、后要补充足够的能量物质

运动需要消耗大量的能量，因此在运动前要提前补充好能量物质，但不能立即进行剧烈运动。运动后，一些人想通过减少能量物质总摄入来减轻体重，但这种方法是以减去去脂体重为代价来降低体重，会使肌肉重量减少，降低新陈代谢对热量需求，同样也会降低对脂肪的代谢率。选择性地摄入低热量食物，也是不足取的，因为低热量饮食会同时降低其他所需营养物质的摄入，特别容易增加骨密度降低的风险。

(2) 能量补充的时机

在足球场上奔跑、拼抢之后，身体的能耗很大，而踢球往往在下午或者傍晚进行，踢完球后就会进餐。晚餐虽然能使人体大量摄入能量物质，从而使足球运动员达到能量平衡状态，但在体重稳定的情况下，身体脂肪含量却会明显提高。为了下午的运动，中午也可能过量进餐，运动完之后很晚再进食，也会导致肌肉重量降低，脂肪重量增加的状况。人体血糖水平往往在饭后随即升高，然后趋于稳定，3小时后则下降。所以可采用少量多餐的饮食办法，既解决能量物质摄入不足，又解决能量物质摄入过剩的问题，只要保持血糖水平相对稳定，就会使人体供能系统稳定。

(3) 液体摄入

足球运动员的长时间、大强度的运动，必然会失去大量的体液，体液不是直接的能量物质，但在运动过程中，几乎所有热消耗都源于汗液蒸发，同时肌肉需要更多的血流量来传送营养物质和清除新陈代谢的副产物。一般人一天大约损耗0.5升水，而从事足球运动的运动员，一般每小时损耗约1升水，当然，在炎热和干燥的天气里，会达到2升。根据水分在人体胃部停留15分钟的规律，可采用每15分钟饮用200毫升左右的液体的策略；对于大运动负荷后流汗较多的情况，建议摄入含钠6‰～8‰的液体，当然液体可以是白开水、茶水、果汁和碳酸饮料，根据各人的口感、爱好而定。

三、足球运动员的特殊营养

足球、篮球、排球等集体大球项目，要求从事运动的球员有爆发力和耐力，能够大强度的起跳、奔跑、拼抢；同时，运动强度呈间歇性变化，从而形成独特的能量物质利用。足球运动员平时的饮食并无特别，但研究表明，足球运动员的碳水化合物摄取量有待大幅度提高。另外，间歇性的爆发运动较为依赖磷酸肌酸，这意味着必须摄入较多的蛋白质用于合成所需的肌酸。

在足球运动训练和比赛前、中、后食用碳水化合物含量较多的食品对降低运动员的疲劳感有很大帮助。在训练和比赛前 3 小时,宜进食碳水化合物含量高且易于消化吸收的食物;在运动中应利用机会补充含糖的电解质运动饮料(条件许可每过 15 分钟补充一次);运动后适量补充糖类食品,帮助机体补充糖原,尽快消除疲劳,同时在 24 小时内逐渐补足人体所需的液体和食物,直至体重恢复正常。

第二节　运动康复保障

一、运动性疲劳的消除

运动性疲劳是指运动引起的肌肉最大收缩或者最大输出功率暂时性下降的生理现象。

(一)运动性疲劳产生原因

运动性疲劳产生的原因是多方面的,主要有以下三方面原因。

1. 体育锻炼、运动训练方面的原因

运动时间长、运动量安排不合理,运动强度提高过快,总之是运动负荷安排不当或其他锻炼方法不当;训练内容安排单一;运动后没有及时采取有效的恢复措施,或者没有消除疲劳而继续增加运动负荷;体育锻炼或训练的目标过高,难以完成而导致心理压力较大;受伤或疾病中参加锻炼或训练、竞赛等。

2. 日常生活方面的原因

生活作息无规律、睡眠不足、吸烟酗酒等;学习、工作压力较大;营养状况不良,各种营养物质摄取不足或营养不均衡等。

3. 健康方面的原因

患感冒、发烧等疾病仍然进行运动;肠胃不适,消化不良;患有各种传染性疾病等。

(二)运动性疲劳的处理

运动性疲劳是一种生理现象,对人体来说又是一种保护性机制。但是,如果经常处于疲劳状态,会影响运动者的身体健康和运动能力。对此,可采用以下一些对策。

1. 充足的睡眠

充足的睡眠是消除疲劳的基本方法之一,是必不可少的恢复手段。睡眠时间一般每天在 8 小时以上,大运动量训练时还要适当延长。睡眠的关键是质量。

2. 温水浴和局部热敷

进行温水浴可促进全身血液循环和新陈代谢,加速代谢产物的排出,有利于营养物质的运输,温水浴的水温一般应为 40℃ 左右,每次 10～15 分钟,最多不要超过 30 分钟。局部热敷对组织器官有扩张血管、加速血液流动的作用。热敷的温度一般在 47～50℃,持续 20 分钟。

3. 按摩

按摩可以改善局部或全身血液循环状况,促进代谢产物的消除,减轻肌肉的酸痛和僵硬,提高肌肉的收缩能力,改善关节的灵活性。按摩可用手动、水动或电动器械进行。

4. 活动性休息

活动性休息就是采用训练以外的其他肌肉活动方式来消除疲劳,达到休息的目的。如进行下肢训练时可以适当活动一下上肢,或者做一些短暂的放松运动。

5. 心理恢复手段

心理恢复手段是用听音乐、疗养、观看文艺演出、旅游等方法来缓解比赛时精神的过度紧张。具体的方法要根据运动员的爱好和外界条件进行安排。

6. 合理的营养

运动时消耗了大量的能量和营养物质,所以,在膳食中要增加含糖、蛋白质、维生素和无机盐的食物,如乳类、蛋类、肉类、动物内脏、蔬菜类等,还可适量服用一些如维生素 B、维生素 C、维生素 E、ATP 等营养补充剂调节中枢神经、扩张冠状动脉、改善心脏血液循环等。

7. 传统中医学方法

中药是我国独有的医学宝藏,应用中药消除运动性疲劳、促进体力恢复的研究已有 20 余年的历史。而且从现代医学角度看,许多有恢复运动性疲劳作用的中药没有被国际奥委会列入违禁药品名录。比如常用"黄芪""刺五加""丹参""参三七"等中药来进行补益和调节;"四君子汤"可以增加骨骼肌糖原含量;"复方生脉饮"有助于提高血红蛋白;"补脾活血复方"可促进自由基的清除,改善微循环,有利于机体新陈代谢,从而达到消除运动性疲劳的作用。但是,中药的抗运动性疲劳的作用机理还不清楚,尚未进行深入研究,因此,长期服用或出现其他病症要遵照医嘱。

8. 吸氧和吸负离子

训练后体内产生"氧债",肌肉和血液中堆积了酸性代谢产物,吸氧有利于偿还"氧债",增大血液中氧的饱和度,进一步满足组织的需要。吸氧对消除无氧训练后的疲劳特别有效。吸负离子可以改善心肺功能,提高心脏的泵血能力和血红蛋白的含量,进一步提高体能和运动能力。

(三)运动性疲劳的预防

(1)坚持经常性的锻炼与训练,以提高运动素质和能力。

(2)科学合理地安排锻炼内容,发展和锻炼与运动项目相适应的能力,身体各部位锻炼负荷合理交替,避免出现躯干局部过劳而导致整个机体的工作能力下降。

(3)合理安排饮食,均衡营养,增加体内能源的储备。如果在锻炼前 5 分钟饮用 150~200 毫升果糖溶液,可使机体增加耐力。

(4)提高心理素质,有助于预防运动性疲劳。良好的心理素质、顽强的意志品质能够积极地克服锻炼中出现的困难,提高运动能力,从而减缓运动性疲劳的出现。

第八章　校园足球后备人才培养与发展的后勤保障

二、运动损伤的预防与治疗

(一)足球后备人才发生运动损伤的特点

随着足球运动的不断发展,足球运动损伤成为越来越多医学工作者关注的焦点。有关研究指出,成年球员承受的损伤比青少年球员大15～30倍。青少年球员的运动损伤相对较少,这可能与其体重较小、力量较小、速度相对较慢等有关。造成这种差异的原因也包括青少年球员使用保护性装备,在比赛中较少采用犯规技术。

有专家提出,女球员的运动损伤是男球员的2倍,不管是男子球员,还是女子球员,损伤大部分发生在下肢,脚、踝关节和膝关节的损伤发生率最高。与成年球员相比,青少年球员头部和上肢更容易受伤,这与他们在摔倒时较多用手撑地;上肢骨脂正在发育,脆性大;头顶球技术不够熟练等原因有关。[1]

(二)足球后备人才训练中易发生损伤的部位

运动伤病和运动训练总是分不开,在不同运动项目的训练中运动员可能发生各种各样的损伤,常见运动伤病在人体各部位的分布及其常出现的运动项目的情况如图8-1和图8-2所示。

下面结合足球运动的特点分析足球后备人才在足球训练中容易发生运动损伤的部位。

1. 髋关节及骨盆

髋关节及骨盆容易发生挫伤,以髋关节脱臼最为常见。在软骨骨化过程中,由于该部位有大量血管,所以骨突连接处的软骨会骨化。这种损伤常发生在13～17岁年龄段的青少年球员身上。大多数情况下,过大的动作会造成严重撕脱,需要采用保守方法治疗,并且要长时间休息,进行适当的康复训练。

---

[1] (瑞典)比约恩·埃克布洛姆(Bjon Ekblom)主编,陈易章等译. 运动医学与科学手册 足球[M]. 北京:人民体育出版社,2003.

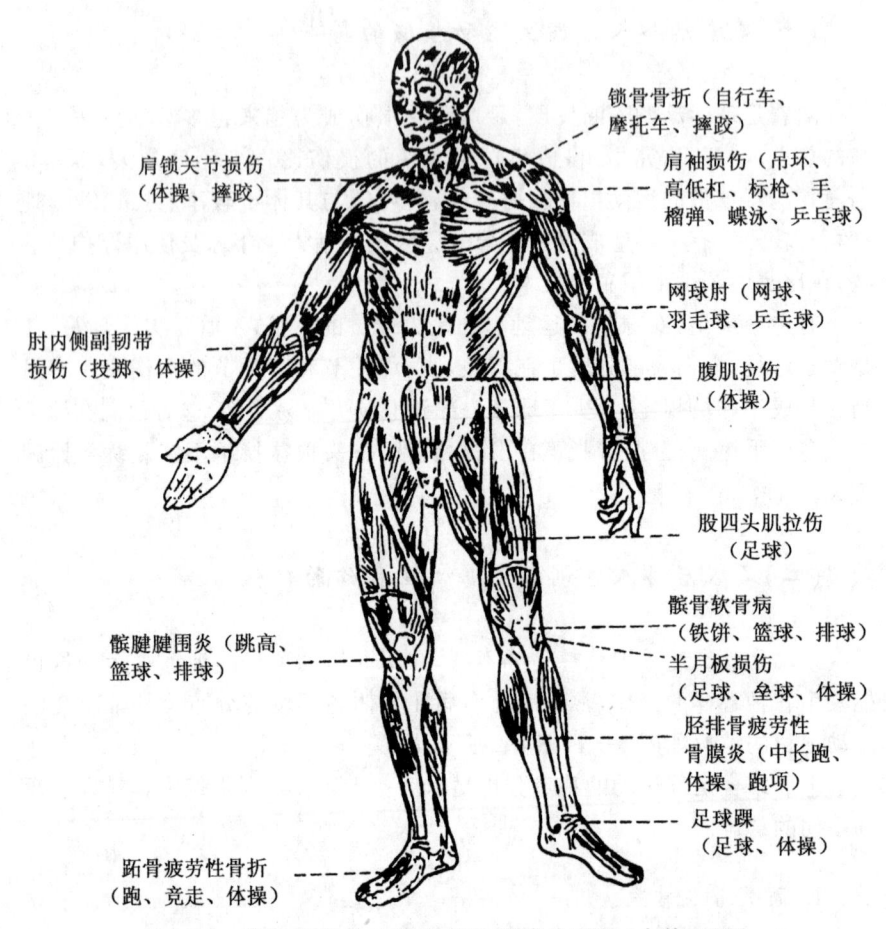

图 8-1 常见运动伤病发生部位及发生项目（人体正面）

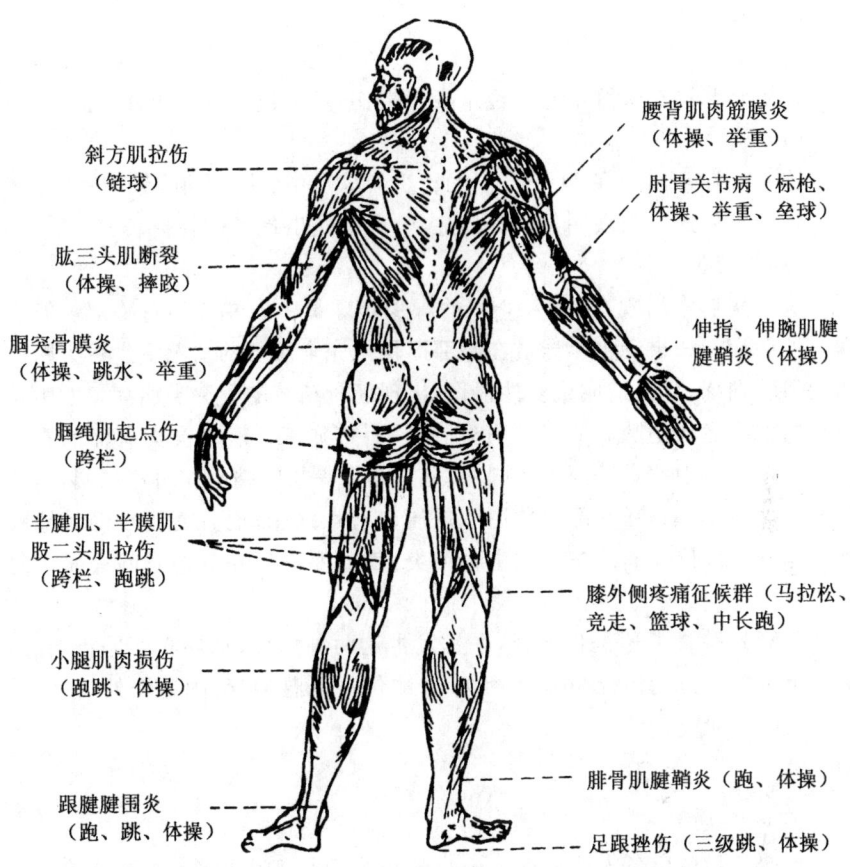

第八章 校园足球后备人才培养与发展的后勤保障

图 8-2 常见运动伤病发生部位及发生项目(人体背面)[1]

2. 腿部与大腿骨

青少年球员的大腿部及大腿骨容易发生损伤。大腿挫伤可能造成严重残疾,这种情况下要立即休息,同时要进行冷敷和必要的保守康复训练。

腘绳肌拉伤的情况也比较多见,大部分发生在肌腱的连接处。快速治疗包括休息、冷敷、按压。牵拉训练能有效预防青少年球员发生这一损伤。[2]

---

[1] 黄涛. 运动损伤的治疗与康复[M]. 北京:北京体育大学出版社,2010.
[2] (瑞典)比约恩·埃克布洛姆(Bjon Ekblom)主编,陈易章等译. 运动医学与科学手册 足球[M]. 北京:人民体育出版社,2003.

3. 膝部

青少年球员在训练中膝部经常发生损伤,具体包括以下两种病症。

(1)髌骨炎

这一病症常出现在 11～15 岁的青少年球员中,这一年龄段的青少年球员胫骨结节处经常出现明显的疼痛症状,考虑是出现了髌骨炎病症。

(2)骨突炎

这一病症常出现在 10～13 岁的青少年球员中。左膝和右膝都可能出现这种病症。如果青少年球员在膝部旧伤未完全康复的情况下进行大密度和大强度训练,容易造成重复性损伤,出现筋骨结节的骨突炎病症。发生骨突炎的主要症状是膝关节周围明显肿胀,有疼痛感。有骨突炎病症的青少年球员在训练中感觉膝部疼痛剧烈,尤其是做等长收缩动作时疼痛明显,即使不训练、不活动,在膝部末端用手按压也有疼痛感,而且能比较轻易地找到具体哪个部位疼痛。一旦发生骨突炎,就需要一年左右的时间去做康复训练。

不管是髌骨炎还是骨突炎,一旦发生这两种病症,都要立即停止训练,进行至少 1 个月的治疗与休息,治疗方法包括低温治疗、固定伤处,在病症好转后配合康复训练。

4. 小腿

青少年足球后备人才在训练中小腿也很容易发生损伤,如常见的压迫性骨折、滑囊炎、腱鞘炎、腔隙综合征等,鉴于小腿受伤几率很高,在训练中要将这一部位重点保护起来,预防受伤。

5. 脚与踝关节

足球后备人才在训练和比赛中脚、踝关节发生损伤的概率也很高,最常见的是韧带扭伤,而且不管哪个年龄阶段的球员,都容易发生这一损伤。青少年球员在初级阶段的训练中容易发生侧踝韧带损伤,这与其生理机能发育不成熟有关。发生损伤后如果没有彻底康复就开始训练,那么容易发生重复性损伤或出现新伤,如跟骨骨突炎、跟骨撕脱,出现这些病症后跟骨骨突处疼痛明显,而且恢复时间长,要完全恢复需要一年半左右。恢复后投入训练中时,必要情况下使用跟部护垫保护踝关节。

第八章　校园足球后备人才培养与发展的后勤保障

(三)足球后备人才训练中常见损伤的处理

1. 皮肤损伤

作为人类身体的外部保护覆盖层,皮肤在运动伤害中变得尤其脆弱。擦伤、皮肤分离或撕裂在足球运动中并不罕见。这些皮肤伤害可能会非常疼痛,但是通常无大碍,而且不需要额外干预就能快速愈合。

(1)擦伤

擦伤皮肤受外力摩擦所致,表现为皮肤组织被擦破出血,或组织液渗出。比如足球运动中的铲球、相互冲撞后摔倒等动作都可引起擦伤。擦伤常常对训练或比赛中竞技能力的影响不甚严重,因此,往往也最易在运动实践中被忽视。但由于这些伤都与外界相通,容易引起出血和感染。同时也由于任何轻微的损伤,都会给运动员心理上蒙上一层阴影,所以,当出现这类伤时,教练员也应及时处理治疗。

急救:为了降低感染风险,应该使用林格溶液或生理盐水清洁伤口的表面,然后使用温和的皮肤消毒剂对伤口急性消毒,完成后使用无菌的、非黏性伤口敷料覆盖伤口。

治疗:在后续的愈合过程中必须避免感染,如有必要,应该每天更换绷带并使用杀菌剂对伤口进行急性消毒。

(2)皮肤分离

皮肤分离涉及皮肤从下层组织撕裂。在这种伤害中,比赛场地的表面影响很大。尽管球员可以在草地上毫无问题地滑行几米远,例如在阻截铲球后。但是在煤渣场地、混凝土场地、室内人造草或地板上进行该动作时,则得到截然不同的结果。在这些表面上快速滑行可能瞬间就会导致几平方厘米大的皮肤擦伤。

急救:由于皮肤的血液循环非常充足,整块皮肤分离通常会导致大量出血,急救处理应该包括降低感染的风险和伤口的疼痛感。首先,应该使用杀菌喷雾液清洁伤口;其次,在受伤的部位滴几滴局部麻醉剂;最后,应该使用无菌敷料覆盖伤口。

治疗:根据伤口的渗液量调整敷料的大小。对于相对干燥的伤口,使用创可贴和亲水绷带。如果有大量的渗液,则使用带有无菌纱布和绒头压布的药膏绷带。

(3)皮肤撕裂

皮肤的柔软部位在受到钝力或强力挤压时,由于皮肤不能承受如此大的压力,导致皮肤裂开。这种伤口的边缘通常不平整。

急救:首先使用林格溶液或生理盐水清洁受伤部位,然后对伤口进行消毒,并使用无菌纱布盖住。如果出现较大或者比较深的伤口,那么应该检查运动员是否出现休克症状。然后需要尽快进行外科手术。

治疗:与所有皮肤伤害一样,遇到皮肤撕裂的情况时,应该检查患者的破伤风疫苗是否过期。

2. 肌肉损伤

人体的肌肉种类非常多,甚至能够与其可能遭受的损伤种类相提并论。在运动中,肌肉损伤是最常见的运动损伤之一。

(1)肌肉挫伤

在球场上,通常是肌肉与对手的膝盖或肘部碰撞导致挫伤。在实际情况中,挫伤引起的出血是少量肌肉纤维撕裂所导致的。

急救:在大腿受到剧烈的撞击后,队医必须马上评估球员的总体健康状况。通常情况下,简单地冰敷受伤的部位并使用按压绷带后,就可以继续比赛了。如果情况严重,球员将不能继续参加比赛。

治疗:比较严重的伤情,需使用超声波进行直接诊断。对于比较轻的受伤,应该使用绷带缠绕肌肉 48 小时,并进行冰敷和抬高受伤部位。

(2)肌肉纤维撕裂

在强大的外力作用下或者快速大力地拉伸都会导致肌肉纤维撕裂。对于轻微的肌肉纤维撕裂,不会影响肌肉的强度或者伸张能力。不过,肌肉纤维撕裂通常会伴随剧烈的疼痛和不同程度的瘀伤。肌肉纤维撕裂愈合后通常会留下伤痕。

急救:受伤的肌肉必须马上休息,而且要抬高并长时间进行冰敷或使用按压绷带。

治疗:在常规流程中,采用促进愈合的治疗方法可以在 3 天后开始,其中包括热治疗、超声波治疗、激光治疗、轻微拉伸、摩擦按摩,以及使用药膏。肿胀逐渐消散后,可以通过使用胶带来加快返回训练的时间。

(3)肌肉撕裂

当肌肉所承受的力量超出肌肉的弹性极限时就会发生肌肉撕裂。

急救:与肌肉纤维撕裂一样,处理步骤为休息、抬高患处以及大量冰敷。

治疗:肌肉撕裂的治疗方法和肌肉纤维撕裂的治疗一样。任何继续治疗取决于以下几个因素:受伤程度、受影响的肌肉系统、运动员的年龄及其表现水平。

第八章　校园足球后备人才培养与发展的后勤保障

(4)肌肉痉挛

严格而言,肌肉痉挛不属于肌肉损伤,而是属于肌肉功能失灵。肌肉痉挛通常为急性发作,而且痛感较为强烈。肌肉痉挛发生时,肌肉会突然僵硬,僵硬时形成的硬块可以触及。肌肉痉挛可能发生在猛烈的截球过程中,更重要的原因是因为脱水所致。

急救:立即停止一切活动。受影响的肌肉被被动拉伸,因此主动收缩拮抗肌尤其重要。

治疗:电解质平衡对于肌肉系统的收缩功能非常重要。如果运动员非常容易发生肌肉痉挛,那么,应该测量电解质的状态,有必要的话补充电解质。

(5)肌肉疼痛

在进行不熟悉的动作或过于集中地用力时就会发生肌肉疼痛,过度扭转肌肉通常也会导致肌肉疼痛。

急救:在肌肉疼痛的自然痊愈过程中,最好使用温热或者促进血液循环的治疗辅助恢复。最有效的办法是热水泡澡、淋浴、缓慢有控制的放松运动以及轻柔的伸展练习和游泳。

治疗:没必要治疗肌肉疼痛,但是应该检查训练方式,并且由专家纠正不足之处。

3. 头部损伤

(1)流鼻血

除了高血压和血液凝固有问题,导致流鼻血的原因通常是直接撞击鼻子。在足球运动中,与对手相碰撞或者鼻子被球撞击都可能导致流鼻血。

急救:使用止血塞塞住鼻孔,给受损的血管施加压力从而止住流血。如果没有止血塞,可以用拇指和食指将鼻孔捏紧在一起一分钟。这样做的时候,头要向下倾斜。此外,也可以对鼻子或后颈冰敷或冷敷。

治疗:在一般情况下,流鼻血不需要治疗。流血通常很快就会停止。

(2)脑震荡

脑震荡是一种由于运动员的头部遭受外力打击而产生的短暂的脑功能障碍。

短暂的脑功能障碍主要包括身体症状、精神(认知)功能受损及情感障碍等,受伤的运动员有时也可能出现意识丧失。事故发生前、发生期间或发生后,受伤的运动员可能出现混浊感、定向力障碍、健忘等症状。特别需要注意的是,头部损伤后,运动员在跌倒过程中有无受到其他损伤,应关注受伤运动员是否存在颈椎损伤的可能。

急救:首先,必须检查瞳孔的反应,失去意识后瞳孔的不同大小,能够反映出头颅或大脑的损伤严重程度,损伤过重甚至可能出现脑出血。其次,受伤的运动员应该在安静、黑暗的房间躺下,因为此时的眼睛对光线非常敏感,然后将其送往医院。

治疗:受伤的运动员应该住院观察治疗,因为脑震荡可能伴随脑出血。如果是轻微的脑震荡,在非常安静的地方卧床休息几天就足够了。

4. 膝关节损伤

膝盖在足球运动中是受伤最频繁的部位,这是由膝关节的生理结构特征决定的。膝关节是将大腿和小腿骨头连接起来的、侧向灵活性极其受限的枢纽关节。因为股骨的关节表面是圆的,因此不能很好地适应胫骨的扁平关节。内侧半月板和外侧半月板起到缓冲和稳定作用。侧向稳定性由中间副韧带和内侧副韧带提供,它们防止膝盖在伸直的时候过度伸展以及扭伤小腿。在关节内部,前十字韧带和后十字韧带连接在胫骨上,而且在扭转时确保稳定性。膝盖骨、四头肌腱和膝盖骨韧带共同防止膝盖过度伸展。

膝关节在完全伸展的状态下非常稳定,此时韧带和肌肉处于收缩状态。不过,当膝盖弯曲时韧带会放松,而且膝关节变得脆弱。摔落、被对手踢中或者单脚固定时进行扭转动作是导致膝盖损伤的最常见原因。

(1)挫伤和扭伤

膝盖的挫伤和扭伤非常常见,不过幸运的是,它们是无害的小损伤。挫伤由被对手直接踢中或者摔倒所导致,而扭伤是过度扭转膝盖导致的。

挫伤和扭伤都会非常疼痛,而且通常伴随着肿胀、渗血以及活动受限,而这也是更加严重的骨头或韧带损伤的症状。

急救:立即冰敷膝盖,然后涂抹运沛必疗药膏并使用敷布按压。

治疗:轻微损伤,休息以待观察后进行进一步治疗。如严重需进行医学诊断级物理治疗。

(2)外侧韧带损伤

向前伸并同时扭动小腿会给内侧副韧带带来巨大的压力,而向内扭转小腿通常会导致外侧副韧带损伤,而且附着点尤其疼痛。如果外部力量过大,还可能导致韧带断裂。

急救:常规的治疗方法是冰敷和使用按压绷带。通常通过测试侧向稳定性来区分是不是扭伤。测试可以当场进行。如果发生韧带断裂,膝关节既不能向外弯曲(内侧副韧带断裂),也不能向内弯曲(外侧副韧带断裂)。韧带断裂的其他症状包括肿胀和疼痛。

治疗:关节内部韧带断裂带来的疼痛可能长达 6 个星期。在一些情况

第八章　校园足球后备人才培养与发展的后勤保障

下,应该考虑使用活动夹板来固定患处,仅当外侧韧带完全从骨头上撕裂下来,才需要进行手术。

(3)十字韧带断裂

前十字韧带断裂是耳熟能详的严重受伤,同时意味着许多优秀的足球运动员提前退役。相反,后十字韧带是人体中最为坚韧的韧带之一,因此,很少会受到受伤的影响。

对手截球导致十字韧带断裂的概率最常见的原因是脚部固定的时候扭转膝盖,例如,对手绊住了运动员的脚,而惯性导致该运动员的身体朝相反的方向运动。如果前十字韧带断裂,而且膝盖弯曲的时候,胫骨可能会从股骨向前脱出,受伤的运动员能够明显感觉到站不稳。

十字韧带断裂通常伴随着关节内部出血,出血通常会在事故发生数小时后,所以,通常需要在第二天才能发现。根据经验,根据关节内部出血可以判定为十字韧带断裂,除非关节镜检查或者磁共振成像另有确诊。

急救:如果发生外侧韧带断裂,需冰敷膝盖并使用按压绷带减轻膝盖的负担。由于这种受伤比较严重,使受伤的运动员无法继续进行比赛,受伤的运动员必须马上送往医院急诊部门,而且要在第二天检查关节内部是否出血。

治疗:关节镜检查(微创手术)能够清楚地看到受伤的严重程度。与磁共振成像和CT图像不一样,它不仅能够提供静态图像,还能够进行力学稳定性检查,因此能够诊断出是纵向撕裂还是部分撕裂。与完全撕裂不一样,其中十字韧带通常在股骨的上部附着处断裂,部分撕裂不会导致关节不稳定。对于复杂的损伤,内侧半月板和内侧副韧带也会受到损害。

与经典的十字韧带缝合手术一样,即将断裂的韧带缝回原处,现代的人造塑料技术也越来越受欢迎。在该过程中,使用一根膝韧带或者半腱肌腱(大腿中很少用到的筋腱)完全代替撕裂的十字韧带。在关节镜检查期间,将所更换的筋腱固定在骨头上。由于人造塑料就长期而言效果不错,因此运动员通常会选择这种手术方式。

接受常规的理疗训练恢复肌肉强度、协调能力和灵活性尤其重要。在大约6周后,不需要拐杖应该也能够正常负重。对于低级别的运动员而言,至少要在3个月后才能恢复训练。

(4)半月板

只要是膝盖受伤,内侧半月板几乎是免不了受到影响的,因为它和内侧副韧带牢固相连而不能产生旋转运动,除非之前因为磨损或撕裂导致组织受损,否则不会发生半月板断裂。半月板由类似于软骨的、血液供应很少的组织构成。

急救：冰敷受伤部位。半月板受伤的症状包括膝盖内部出现块状物体和咯咯响声。在旋转小腿的时候按压关节之间的部位有痛感表明内侧半月板撕裂。应该将受伤的运动员转移至医院进行治疗。

治疗：为了排除骨头受伤，必须给膝盖拍 X 光片。如果怀疑发生半月板撕裂，则需要使用关节镜进行确诊。

如果断裂的半月板碎片靠近供血充足的关节囊，那么可以在进行关节镜检查的时候缝合。不过，这是非常罕见的情况。半月板断裂通常是磨损引起的，而且通常影响到半月板供血不足的部位。对于这种情况，在进行关节镜检查的时候只能将半月板碎片取出。如果没有严重的二次损伤，很快就可以恢复训练。

5. 脚踝和足部损伤

踝关节将胫骨和腓骨连接到踝骨上。这是一个铰链关节，让脚尖能够抬高（伸张）和放低（弯曲）。结实的韧带和关节囊组织能够让关节保持稳定，防止脚倾斜。踝关节让步伐变得流畅。

（1）挫伤和扭伤

踝关节通常会受到直接或间接外部力量导致的挫伤和扭伤的影响。但是不会影响到韧带或骨头，其症状包括肿胀和渗血。

踝关节扭伤是足球运动中最常见的一种损伤。扭伤处有红肿痕迹。运动前没有活动开、关节韧带弹性和伸展性较差、用力过猛等都容易造成踝关节扭伤。

急救：首先应该让腿部得到休息，并使用弹性支撑绷带固定关节，然后进行冰敷。通常在几分钟后，症状就得到明显的改善。如果疼痛可以忍受，则可以继续进行比赛和训练。

治疗：抬高足部并冰敷受伤部位，让肿胀消退。专用的运动药膏能够促进痊愈。如果这些措施不能够立即缓解疼痛，建议拍 X 光片，以排除骨头尤其是韧带损伤。

（2）韧带撕裂

这种损伤是扭转脚踝导致的，而且通常会影响到所有 3 根侧韧带，而这些韧带从外侧踝延伸到脚踝和跟骨。根据受伤的严重程度，可能会发生 1 根、2 根或 3 根韧带撕裂。

急救：休息并抬高受伤的脚，如果可能的话，使用夹板固定。冰敷关节缓解疼痛以及减轻肿胀。

治疗：拍 X 光片，查明踝关节仅仅是扭伤还是韧带发生断裂。这能够显示出多少根韧带受到影响。拍 X 光片应该尽快进行，确保及时提供正确

第八章　校园足球后备人才培养与发展的后勤保障

的治疗方法,从而避免发生并发症(例如,过早出现关节病或者慢性关节不稳定)。如果出现大面积肿胀和剧痛,建议打石膏进行固定。此外,使用腋下拐杖确保重量未落在关节上。大约 14 天后,当肿胀已经完全消退,则需要使用矫正器材固定大约 4 个星期。如果疼痛完全消失,脚就可以完全负载;但是如果疼痛没有完全消失,则需要使用矫正器材固定大约 6 个星期。

(四)足球后备人才训练中运动损伤的预防

1. 预防运动损伤的意义

运动员发生运动损伤的原因是多方面的,其中运动基础较差、准备活动不足等是常见的因素。运动员参加任何形式的运动训练都可能会发生一定的运动损伤,这是正常的,因为任何运动都会存在一定的风险性,要想完全避免是不可能的。但需要注意的是,我们可以通过各种手段和措施预防运动损伤,将运动损伤发生的几率降到最低。如果不事先采取积极的预防措施,就容易导致运动损伤。由此可见,加强运动损伤的预防是十分重要的。

在运动训练中加强运动员的运动安全教育也是十分有必要的,让运动员充分认识到预防运动损伤的重要性有利于其更好地参加运动训练。

2. 运动检查

在启动训练计划前,要询问青少年球员的损伤史,了解其之前是否发生过运动损伤,发生过什么类型的损伤,哪个部位发生过损伤,是否已经完全康复等。询问后要进行医学检查,科学评估。因为青少年球员在足球训练中很容易发生腿伤,所以要重点检查下肢的肌肉骨骼轮廓,对陈伤的遗留症状进行分析与判断。检查的主要内容如下。

(1)髋关节检查。

(2)膝关节检查。

(3)踝关节检查。

(4)检查是否有畸形。

(5)测量关节活动度。

(6)测定下肢肌肉力量。

3. 确保训练场地设施和基本装备安全

预防运动损伤,一定要检查运动场地、器材设施、基本装备等是否标准、安全。

  青少年在足球训练中发生损伤可能与训练场地的地面硬度有关,如果地面较硬,那么发生损伤的几率就高,有些慢性疲劳损伤的发生与地面硬有直接的关系。因地面硬而引起的损伤大概占所有损伤的三分之一。如果没有条件改变训练场地地面的硬度,那么就要配备必要的装备或者从着装上提高要求。例如,佩戴护胫套,穿减震效果好的足球鞋,用有减震功能的鞋垫和与解剖结构相符的减震器,以对小腿加以保护,对胫骨损伤起到预防作用。

  选择运动鞋、运动袜时,要考虑鞋与地面的相互作用、脚与鞋的相互作用,要控制好摩擦阻力。如果选择的运动鞋和地面之间的摩擦力大,那么容易给膝踝关节造成压力,容易引起损伤,如果摩擦力太小,踢球时可能因滑倒而引起损伤,所以一定要选择适宜大小、适宜材质的运动鞋。

  4. 做好热身活动与整理活动

  青少年球员在训练中感到肌肉僵硬可能与其准备活动不当有关,在每次正式训练前教练员都应该先引导球员做基本的准备活动,准备活动的内容、方式要丰富多样,准备活动的时间要充足,以做好充分的训练准备。

  由于青少年球员下肢最易发生损伤,所以要特别注意在训练前多做一些下肢肌肉的准备活动,有关研究显示,在训练的准备阶段和结束阶段做收缩—放松的伸展性活动,能够使关节活动度增加15%左右。肌肉僵硬的青少年球员更应该多做一些伸展性练习。在准备活动中结合球进行热身练习时,不适宜做射门等容易造成肌肉扭伤的动作。训练结束后的整理活动和热身准备活动同等重要,做好整理活动,有助于恢复疲劳,使身心机能还原正常状态,为下一次训练做好身心准备。

  5. 合理安排训练

  青少年足球训练的质量和效果与训练量的安排息息相关。训练量安排是否适宜也直接关系着运动损伤的发生率。运动训练和运动损伤之间存在着曲线关联,如果青少年球员平时训练量少,而在某次训练中训练量突然加大,那么容易发生运动损伤;如果青少年足球运动员平时训练量就大,继续增加训练量时也不会有很高的损伤率,训练有素的球员更不易发生运动损伤。因此在运动训练的安排中,不要对不常训练的球员突然进行大运动量训练,而对平时训练多的球员可适当增加训练量。

  日常训练还要和比赛结合起来,多设计与运用模拟训练方法,提高青少

第八章　校园足球后备人才培养与发展的后勤保障

年球员的应激能力,以预防其在比赛中因突然受到较大负荷的刺激而发生损伤。

6. 佩戴保护带、支持套

青少年足球后备人才在训练中也经常发生踝关节扭伤,如果通过检查发现球员踝关节本身稳定性就差,那么有必要在训练中佩戴保护支持带,以对踝关节扭伤起到预防的作用。这种保护带制作成本比较高,价格昂贵,而且如果不能适应的话也会影响技术发挥,所以可以用市场上售卖的踝套来代替支持带,它能起到对踝关节翻转的限制作用,预防踝关节扭伤。

7. 圆盘训练

如果青少年球员踝关节受过伤,并且留下了功能性不稳的后遗症,那么为了避免再次受伤和避免影响训练,需要做圆盘训练,以改善踝关节的稳定性,提高损伤部位的控制力。

青少年球员要在踝关节圆盘上做圆盘练习,站在圆盘上,支撑腿伸直,非支撑腿屈膝,两手于胸前交叉,坚持5分钟,两腿轮流练习,保持一周5次的训练频率,大概需要连续训练两个半月的时间。通过这个练习,不仅能提升踝关节的稳定性,还能使周期性踝关节扭伤的现象终止,并对因扭伤而带来的肌肉萎缩病症起到预防的效果。

有些球员踝关节扭伤后,因为症状较轻,所以继续坚持训练,这其实会增加再次受伤的风险,造成更严重的损伤,所以即使症状轻,也需要做圆盘训练,以控制再次受伤的风险。

8. 康复训练

有些青少年球员在训练中出现损伤是因为之前受过的伤没有完全恢复而导致的。所以说,球员受伤后,即使不影响训练,也需要尽早采取处理措施,积极参加康复训练。青少年球员的康复训练应该在医生和教练员的监督下进行,以避免用力不当而加重伤情。

参考文献

[1][丹麦]延斯·邦斯博作;张阳,艾婧文译.足球体能训练丛书 足球运动与训练生理学[M].北京:人民体育出版社,2021.

[2][德]托托·施穆格;马新东,尹懿译.6周打造有战斗力的球队 足球技术、战术及体能训练图解[M].北京:人民邮电出版社,2018.

[3][西]哈维尔·马略.足球体能周期训练设计[M].北京:北京科学技术出版社,2020.

[4]郭海芳.新时代校园足球文化建设与科学训练[M].北京:冶金工业出版社,2019.

[5]郭振.足球训练与执教方略[M].广州:华南理工大学出版社,2019.

[6]姜华.足球运动文化体系的建设与发展[M].北京:中国商务出版社,2018.

[7]李明达等.培养与储备 聚焦我国三大球竞技后备人才[M].成都:四川人民出版社,2011.

[8]李禹廷.拿什么拯救你 中国足球[M].北京:新华出版社,2017.

[9]林秋菊,章翔.足球文化导读[M].合肥:中国科学技术大学出版社,2019.

[10]刘丹.足球体能训练 高水平足球体能训练理论与实证[M].北京:北京体育大学出版社,2006.

[11]刘玮,程公.足球后备人才培养的全面质量管理[M].沈阳:辽宁民族出版社,2008.

[12]刘正丹,刘旭.足球技战术[M].成都:西南交通大学出版社,1996.

[13]齐小平.大学生足球运动员体能与技战术训练[M].成都:四川大学出版社,2014.

[14]王俊奇.足球文化概论[M].北京:北京体育大学出版社,2010.

[15]王鸣捷,常颖,杨奇.足球技战术与竞赛规则[M].北京:中国传媒大学出版社,2017.

[16]谢孟瑶.现代球类运动文化建设与技战术学练指导[M].长春:吉

林大学出版社,2017.

[17]许冬明.竞技体育后备人才培养与可持续发展研究 以安徽省为例[M].长春:吉林人民出版社,2017.

[18]阳艺武.竞技体育后备人才培养可持续发展运行机制研究[M].武汉:武汉大学出版社,2018.

[19]杨云峰,伏瑛.享受悲怆 中国足球的文化解读[M].北京:中国社会出版社,1998.

[20]杨再淮.竞技体育后备人才培养[M].北京:人民体育出版社,2006.

[21]殷征辉,张沛锋,周骞.足球技战术与训练[M].长春:东北师范大学出版社,2011.

[22]袁微,董娜,张华.大学生球类运动文化探究与运动技能培养[M].北京:中国商务出版社,2017.

[23]赵金林.校园体育文化建设与实践探究[M].北京:中国书籍出版社,2018.

[24]周建梅.区域经济发展与体育人才培养 竞技体育后备人才培养的温州模式研究[M].北京:北京体育大学出版社,2007.

[25]朱军凯.足球运动员的位置体能特征及其训练研究[M].银川:宁夏人民出版社,2017.

[26]庄小凤,沈建华.校园足球[M].上海:上海教育出版社,2014.